AF186566

Tucholsky Wagner Zola Scott Sydow Freud Schlegel
Turgenev Wallace Fonatne
Twain Walther von der Vogelweide Fouqué Friedrich II. von Preußen
Weber Freiligrath Frey
Fechner Fichte Weiße Rose von Fallersleben Kant Ernst Frommel
Hölderlin Richthofen
Engels Fielding Eichendorff Tacitus Dumas
Fehrs Faber Flaubert
Eliasberg Ebner Eschenbach
Feuerbach Maximilian I. von Habsburg Fock Eliot Zweig
Ewald Vergil
Goethe Elisabeth von Österreich London
Mendelssohn Balzac Shakespeare Dostojewski Ganghofer
Lichtenberg Rathenau
Trackl Stevenson Hambruch Doyle Gjellerup
Mommsen Tolstoi Lenz Hanrieder Droste-Hülshoff
Thoma
Dach Verne von Arnim Hägele Hauff Humboldt
Reuter Rousseau Hagen Hauptmann Gautier
Karrillon Garschin
Defoe Hebbel Baudelaire
Damaschke Descartes
Hegel Kussmaul Herder
Wolfram von Eschenbach Dickens Schopenhauer Rilke George
Darwin Grimm Jerome
Bronner Melville Bebel Proust
Campe Horváth Aristoteles
Bismarck Vigny Barlach Voltaire Federer Herodot
Gengenbach Heine
Storm Casanova Tersteegen Gilm Grillparzer Georgy
Chamberlain Lessing Langbein Gryphius
Brentano Lafontaine
Strachwitz Claudius Schiller Kralik Iffland Sokrates
Bellamy Schilling
Katharina II. von Rußland Gerstäcker Raabe Gibbon Tschechow
Löns Hesse Hoffmann Gogol Wilde Gleim Vulpius
Luther Heym Hofmannsthal
Roth Heyse Klopstock Klee Hölty Morgenstern Goedicke
Luxemburg Puschkin Homer Kleist
La Roche Horaz Mörike Musil
Machiavelli Kierkegaard Kraft Kraus
Navarra Aurel Musset
Nestroy Marie de France Lamprecht Kind Kirchhoff Hugo Moltke
Laotse Ipsen Liebknecht
Nietzsche Nansen Ringelnatz
Marx Lassalle Gorki
von Ossietzky May Klett Leibniz
vom Stein Lawrence Irving
Petalozzi Knigge
Platon Pückler Michelangelo Kock Kafka
Sachs Poe Liebermann Korolenko
de Sade Praetorius Mistral Zetkin

Der Verlag tradition aus Hamburg veröffentlicht in der Reihe **TREDITION CLASSICS** Werke aus mehr als zwei Jahrtausenden. Diese waren zu einem Großteil vergriffen oder nur noch antiquarisch erhältlich.

Symbolfigur für **TREDITION CLASSICS** ist Johannes Gutenberg (1400 — 1468), der Erfinder des Buchdrucks mit Metalllettern und der Druckerpresse.

Mit der Buchreihe **TREDITION CLASSICS** verfolgt tradition das Ziel, tausende Klassiker der Weltliteratur verschiedener Sprachen wieder als gedruckte Bücher aufzulegen – und das weltweit!

Die Buchreihe dient zur Bewahrung der Literatur und Förderung der Kultur. Sie trägt so dazu bei, dass viele tausend Werke nicht in Vergessenheit geraten.

Bemerkungen über uns närrische Menschen

Aphorismen

Jean Paul Richter

Impressum

Autor: Jean Paul Richter
Umschlagkonzept: toepferschumann, Berlin

Verlag: tredition GmbH, Hamburg
ISBN: 978-3-8424-9097-0
Printed in Germany

Ziel der TREDITION CLASSICS ist es, tausende deutsch- und
fremdsprachige Klassiker wieder in Buchform verfügbar zu
machen. Die Werke wurden eingescannt und digitalisiert. Dadurch
können etwaige Fehler nicht komplett ausgeschlossen werden.
Unsere Kooperationspartner und wir von tredition versuchen, die
Werke bestmöglich zu bearbeiten. Sollten Sie trotzdem einen Fehler
finden, bitten wir diesen zu entschuldigen. Die Rechtschreibung der
Originalausgabe wurde unverändert übernommen. Daher können
sich hinsichtlich der Schreibweise Widersprüche zu der heutigen
Rechtschreibung ergeben.

Bemerkungen

1. Bändgen

Ich begreife sehr wohl, warum manche ihren Körper so wenig den Befehlen der Weisheit untertänig machen können. Der, dessen Herz bei jedem neuen Vorfall zu pochen anfängt, wird über dasselbe anfangs wenig mit seiner Weisheit vermögen. Denn das Bestreben, den Fehler zu vermeiden, bringt ihn hervor.

Es ist der Wahrheit nicht zuträglich, wenn ein großer Kopf mit einem dummen Gegner streitet. Da jener diesen für zu gering ansieht, so wird er ihm auch da nicht Recht lassen, wo er's hat.

Wenn der Feige vor andern sich an seinem Feinde zu rächen drohet oder schon gerächt zu haben lüget, so folget er hierin weniger seinem Stolze, für tapfer zu gelten, als seinem Zorne, zu dessen Auslassung der ganze Körper kein anderes Glied als die Zunge anbietet, und der sich mutig zu machen sucht, indem er's scheinen will.

Man hat nicht bei jeder Person denselben Witz. Es gibt Leute, bei denen es unmöglich ist, witzig zu sein. Ein Witziger ist es selten bei einem Witzigen, am wenigsten bei höheren Personen.

Man lobt den andern lieber in Briefen als ins Gesicht.

Wer nicht den Mut hat, auf seine eigne Art närrisch zu sein, hat ihn schwerlich, auf seine eigne klug zu sein.

Der Skeptiker liebt den Orthodoxen mehr als den Heterodoxen.

Nur recht berühmte Leute kann man leicht fein loben.

Das System, das ein großer Mann erfunden, können kleine nicht verteidigen; auch zum letzteren gehört ein großer.

Wir suchen der Nachwelt bekannt zu werden und grämen uns doch nicht, es der Vorwelt nicht zu sein.

Der Professor schreibt seine Lektionszettel flüchtig, weil er seine Unabhängigkeit von Studenten zeigen will.

Der lügt am sichersten, der die Wahrheit nur verfälscht und keine ganze Lüge erdichten darf; bei jedem nimmt er ein andres Stück Wahrheit weg und setzt eine andre Lüge hinzu.

Die Nacht ist so zu Träumen eingerichtet, daß man auch wachend in Träume gerückt wird; man wird von ihr traumtrunken.

Jeder Mensch hat seine Lieblingsausdrücke, das Schöne zu loben.

Die Satire bessert selten. Darum sei sie nicht bloß lächelnd, sondern bitter, um die Toren, die sie nicht bessern kann, wenigstens zu bestrafen.

Kritik lernt man mehr von eignen Arbeiten als von Kunstrichtern.

Die Schriftsteller, welche ihre Schriften mit der Feile in der Hand verfertigen, werden im gemeinen Leben wenig oder schlecht sprechen. Sie sind zu sehr gewohnt, gut zu sprechen, um geschwind zu sprechen.

Ein Autor sollte unter die Schönheiten, die nur Kenner fühlen, immer solche mit mischen, die auch der schlechte Leser fühlt.

Man erwartet in den Anmerkungen eines Buches schlechtern Stil.

Vor Frauenzimmern darf man bloß Männer loben.

In einer schlechten Kleidung gelingt das Artigtun weniger als in einer guten.

Der gefällt nicht, der fürchtet, nicht zu gefallen; denn die Ungezwungenheit, die allen übrigen Schönheiten des Umgangs erst ihren Wert und oft ihr Dasein gibt, verschwindet mit der Furcht.

Eine witzige Schmeichelei verzeiht sogar der Bescheidenste.

Bei der Geliebten nur darf man von sich reden.

Die Verstellung hilft unter Leuten, denen wir ähnlich sind, nichts.

Welcher Unterschied, ob wir mit dem abgenommenen Hute einen Halbzirkel beschreiben oder ihn senkrecht bis zur Brust herunternehmen.

Wenn der andre sich mit allen seinen Fehlern, die er noch besser kennt als ich, erträgt, warum sollte ich ihn nicht ertragen?

In unsern Gesprächen verweilen wir bei einem witzigen Gedanken und bestreiten den ernsthaften, anstatt es umzukehren.

Ein einziger Geruch weckt ganze Gruppen von alten Empfindungen wieder auf; wirkt mehr auf die Phantasie als selbst das Auge.

Man freuet sich über die Standhaftigkeit des Missetäters, weil er dadurch unser Gefühl der Unterwürfigkeit unter die Obrigkeit mildert.

Man verteidiget oft eine Sache mit schwachen Gründen, weil man die stärksten sich nicht zu sagen getraut.

Mit zu großer Traurigkeit sympathisieren wir leichter als mit zu großer Freude, die Sympathie wächst mit jener, nicht mit dieser.

Ganz anders und besser versteht und goutiert man einen Autor, wenn man ihn über eine Sache lieset, über deren Aufklärung man eben jetzt verlegen ist.

Den Unmut über unsre Fehler lassen wir an der Art aus, mit der der Freund sie uns entdeckte. Geschah es frei, so zürnen wir über seine Unbescheidenheit, Plumpheit und Grobheit; geschah es fein, über seine Verstellung.

Man ist neugierig, die Stellen im Buche zu lesen, die ein andrer unterstrichen hat.

Der Mensch gehet allezeit, wenn er sich noch so lange gegen eine Meinung gesträubt, endlich zu ihr mit Leidenschaft über.

Man läßt sich herunter zu denen, die man liebt, wenn sie klein sind, bis auf einen gewissen Grad, zu dem man sich nie aus Liebe gegen Größere herablassen würde, und Sokrates ritt wohl mit seinen Kindern, aber nicht mit Größern auf dem Steckenpferd.

Wenn man die Verteidigung nicht widerlegen kann, tadelt man die Art derselben.

Ein Dummer mit Lebhaftigkeit ist das lächerlichste Geschöpf.

Wenn einer alle die Hindernisse überdenkt, die sein ganzes Leben durch seine Entwicklung bestritten hatten, so ruft er aus: »Was hätt ich nicht werden können!«

Es ist falsch, daß gewisse Laster einen großen Geist beweisen. Nicht das Laster selbst, sondern die Mittel, durch die man es ausübt, bestätigen die Größe.

Wenn Seneca sagt, Gott könne nichts lieber sehen als einen tugendhaften Mann im Widerstande gegen das Unglück, so setzte ich hinzu: als einen im Genusse einer erlaubten Freude.

Es ärgert einen, wenn man ihm die zu lesende Zeitung voraussagt.

Man kann gegen ein Laster mit dem größten Nachdruck predigen und es doch ausüben, ohne zu heucheln.

Es gibt Leute, die, um tugendhaft zu sein, erst Gelegenheit brauchen.

Die Republik zeugt und ermordet große Männer; die Monarchie tut das erstere nicht; jene lässet sie große Taten tun und belohnet mit Undank, diese verbeut große Taten.

Niemand denkt über den verschiedenen Wert großer Autoren verschiedener als große selbst.

Eine Frau kann einem Achtung für ihr Geschlecht einflößen, aber mehrere auf einmal vermindern sie.

Manche können nur fremde Meinungen, nicht ihre eignen berichtigen.

Wenn man von gewissen Sekten etc. höret: glaubt man, sie wären unsinnig, so etwas zu glauben. Aber wenn man mit ihnen bekannt wird: findet man wenigstens Zusammenhang in ihren Irrtümern.

Zuviel Enthusiasmus in der Tugend macht auf den folgenden Augenblick desto kälter und schadet also.

Wenn ich in der Jugend jemand seine Nase mit Geräusch reinigen sah, hoffte ich es einst auch tun zu können und beneidete ihn.

Bei den gemeinen Leuten ist man vornehm delikat, bei den Vornehmen zynisch.

Die Personen können sich am leichtesten verstellen, die vorher gut waren; wie Schauspieler die Rollen, die ihrer natürlichen am nächsten kommen, gut spielen.

In der Einsamkeit wird der gute Teil des Menschen, in der Menge der schlechte vergrößert; jener bekommt dort die Waffen, dieser fühlt sie hier. In der Gesellschaft lernt man die Tugend nicht.

Wenn man fragt: »Würde mit der Leidenschaft nicht manche gute Tat wegfallen?« so heißt das: »Würde der, der, weil er keinen Zorn hätte, eine gute Tat unterließe, nicht Trägheit an dessen Statt haben?« Das heißt aber: »Welches ist besser, dieses oder jenes Laster?« und unsre Frage war doch: »Ist's nicht überhaupt besser, kein Laster zu haben?«

Die Gewohnheit der Vollkommenheit des Freundes macht gegen ihn ungerecht. Man denke sich dieselbe an einem andern, wie würde man ihn lieben!

Wenn man in einem wirksamen Helfen begriffen ist, wird man von den Seufzern des Leidenden minder gerührt.

Wenn der andre ein *wenig* Genie zeigt, so werden wir neidisch und ungerecht gegen ihn sein; wenn er aber uns zu sehr übertrifft, nicht.

Je sinnlicher die Seelenkraft, worin man hervorsticht, desto origineller; daher sind am meisten originell die Musiker, weniger die Maler, noch weniger die Poeten, und am wenigsten die Philosophen.

Das Schönste, was wir in der Vergangenheit antreffen, ist die Hoffnung.

Wenn man sich etwas erinnern will, hebt man den Kopf in die Höhe.

Kleiner Schmerz ist in Augenblicken leidlich, aber nicht in der Fortdauer; also liegt die Ursache unserer Ungeduld darin, daß er uns immer unterbricht.

Die Vernunft kann, wenn sie einer Leidenschaft oder Empfindung ihren Ungrund und ihre Narrheit noch so deutlich zeigt, sie doch nie aufheben, sondern höchstens schwächen.

Wenn einer an einem großen Mann einen Fehler, den er selbst nicht hat, wahrnimmt, so wünschet er sich sofort Glück, daß er solcher nicht ist.

Jeder Mensch ist in *einer* Sache ordentlich.

Jeder bewundert den Mut des andern und findet seine Freiheit edel; treffen beide ihn, dann erregen sie seinen Zorn.

Mit wieviel tausend kleinen Mitteln muß sich der Mensch abgeben, ehe er mit etwas Großem sich beschäftigen kann.

Man würde die Menschen leichter kennen, wenn man nicht jede Handlung als die Folge von Grundsätzen ansähe; man hält zu selten eine für Kaprize, aus der nicht auf den Hauptcharakter zu schließen ist.

Ein großer Schritt zur Tugend ist, daß man nicht alles an sich liebt, seine Kleinigkeiten, Geschmack im Essen etc.

Jede Verleumdung, wenn man sie auch verwirft, läßt eine geringere Meinung vom Verleumdeten auf kurze Zeit zurück.

Wenn man beim Erzählen eines fremden Scherzes selbst sehr lacht, so gewinnt er; bei dem eines eignen, so verliert er.

Man wird mit weniger Anstoß über Glaubenssachen spotten als streiten, weil man im ersteren Falle doch noch daran zu glauben scheint.

Das Lob einer besondern Eigenschaft setzet dem Verdachte der Schmeichelei aus, da der andre sich seiner Schwäche darin vielleicht bewußt ist; aber ein allgemeines Lob wird für keine gehalten, weil jeder sich vortrefflich im Ganzen hält.

Um zur Wahrheit zu gelangen, sollte jeder die Meinung seines Gegners zu verteidigen suchen.

Die Mutter liebt der Art Menschen, von der ihr Sohn ist; gibt dem Handwerksburschen, wenn ihr Sohn einer, mehr.

Jeder Mensch wünscht sich im Frühling zu verlieben.

Die Finger, wenn sie beschmutzt sind, auseinandergebreitet tragen.

Der Wirt ist stets aufrichtiger als der Gast.

Wer in einer Gesellschaft ein Bonmot erklärt, hat seine Feinheit nicht verstanden.

Die Bewunderung nützt nicht sowohl dem Gegenstande als dem Subjekt am meisten; man freuet sich über die Größe des Menschen und daß man sie empfindet.

Wenn ich mit einem Freunde zürne, werd ich sogleich wieder gut, sobald ich eine Gelegenheit bekomme, ihm einen Dienst zu erweisen etc.

An andern liebt man Vollkommenheiten, an sich sich.

Er lobt mit Vergnügen die Tugenden des andern und rügt mit Vergnügen seine Fehler.

Alles Vergnügen kommt von ungefähr und fället aus den Wolken; an dem, das man lange erwartet, ist selten viel.

Wir schämen uns mehr vor uns selber, wenn wir uns einer Torheit, als eines Lasters erinnern.

Jeder sieht nun ein, daß die Verleumdung von ihm lüge; und doch vermutet er nicht, daß sie auch von andern Leuten lügen könne.

Ein witziger Kopf ist nirgends vergnügter und glänzender, als wo ein Narr mit ist.

Wenn euch ein feiner Kopf etwas Alltägliches zu sagen scheint: so glaubt gewiß, daß ihr ihn nicht verstanden und daß er zu fein gewesen.

Nach einer großen Sünde begeht jeder die kleine, die sie verdeckt, ohne alles Bedenken.

Er hatte Lebensart, nicht um sie zu zeigen, sondern aus Menschenliebe und Schonung: denn Lebensart ist die Tugend auf kleine Gegenstände angewandt.

Solang einer noch kein System hat und die Wahrheiten ungeordnet in seinem Kopfe liegenlässet, so lange liebt [er] schwerlich die Wahrheit: ich glaube, zuweilen ist ihm wahrhaftig eine Lüge noch lieber.

Nicht alle Menschen bedürfen notwendig des Wechsels der Moden (denn die Araber sind auch Menschen); aber wohl die Franzosen unter ihnen.

Kein Autor sollte sich über etwas zu schreiben hinsetzen, dem es nicht unbeschreiblich ärgert, daß er keinen Folioband darüber schreiben kann. Wehe ihm, wenn er einen Gedanken sucht und nicht jede Minute 10 abweiset.

Jeder hat eine andre Art, das Geld zu zählen; der eine nach 4, der andre nach 5 Groschen.

Es ist beinahe noch schwerer, gut zu schreiben, als ebensogut zu reden: denn zu jenem hab ich nicht mehr Zeit als bei diesem, weil gute Gedanken doch schnell entstehen.

Habe für alle menschl(iche) Meinungen eine Ehrfurcht und glaube, daß ihr zu sehr Wesen einerlei Art seid, als daß du über eine ganz lachen könntest, die ein Wesen deiner Art geglaubt und zu der es gewiß Gründe nötigten. Der Weise spüret alle Tage mehrere Irrtümer der Menschen und mehrere Scheingründe, durch die sich jene Irrtümer einschmeichelten, zum Gegengifte der Selbstgenügsamkeit auf.

Sich eines philosophischen Satzes zu erinnern, braucht man mehr Zeit als eines historischen: jenen schafft man beinahe wieder mit.

Wenn uns das Böse als Böses Reue macht und nicht als Wirkung der Strafe: warum bereuen wir einen bösen Willen, einen bösen Entschluß, der nicht ausgeführt wurde, nicht ebensosehr als eine böse Handlung?

Er zog sein schlechtestes Kleid an, wenn er mit einem ausging, der ärmer als er war.

Der Mensch ist gut und will nicht, daß man vor einem andern als ihm selber krieche.

Es gehört schon zu den Widersprüchen des Menschen, daß er welche zu haben glaubt.

Der Dumme denkt, man hat keine andern Wege, ihn auszulisten, als seine.

Man will nicht nach seinem Äußerlichen geschätzt sein, und andre schätzt man doch mit den Augen.

Die 11. Gefälligkeit für den, dem du 10 erwiesen, ist die Gelegenheit, dir eine zu vergelten.

Gestorbne Freunde sind Ketten, die uns von der Erde ziehen und fester mit einer bessern Welt verknüpfen.

Die Empfindungen sind nur mit Empfindungen zu besiegen.

Wienach kann im Traume die Seele über eine Person nachdenken, indessen s(elber) die Person ein Gedanke von ihr ist? –

Wer nicht immer weiser wird, der ist nicht einmal weise.

Es ist Eitelkeit, wenn man denkt, gute Bücher nützen nicht; wir bilden uns ein, andre könnten nicht den Epiktet so gut nützen wie wir.

Wer weiß, daß er uns gefället, dem gefallen wir.

Schwere Bücher machen eben denen Vergnügen, die sonst das wenigste genießen, eklen Kennern.

Unbeständigkeit gegen seinen Vorsatz heißet sich selber das Wort brechen, welches man sowenig wie gegen einen andern darf: da dieselbe schädliche Folge des Mißtrauens daraus entsteht.

Was hat man für Recht dazu, dem Pöbel, dem größern Teil der Menschen, die Aufklärung vorzuenthalten? Wer gab uns das Recht, der Richter seiner Einsicht und seines Schicksals zu sein? Wenn er die Aufklärung mißbraucht: so wird er es nicht mehr tun als die, die jetzt aufgeklärt sind. Freilich der Übergang von Finsternis zu Licht geschieht allemal in einem Orkan. – Man regiert, um sie dumm zu erhalten: und erhält sie dumm, um sie zu beherrschen.

Den Schlimmen vertritt der Argwohn die Stelle des Verstandes, und [sie] sind eben darum vor Überlistung beschützt.

Schlimme Leute befinden die guten am ersten falsch, weil diese jene nicht bei andern billigen können.

Verwandtschaft d(er) besten mit d(en) falschen Syst(emen): Es gibt schwerlich einen wahren Satz, um den nicht verwandte Bastarde stehen; um den Stoizismus steht der Quietismus und Foismus. Wie nahe grenzt die Enthaltung des Mönchtums an das Christentum! Dies gibt uns die Regel: da, wo wir einen wahren Satz so weit treiben, daß er mit allen unsern Empfindungen und Denkart zu kriegen anfängt, zu stutzen und zurückzukehren.

Worauf gründen denn die höhern Stände ihr Vorrecht an alle Wahrheiten, die dem Volk entstehen? Etwan, weil sie schon die Vorkenntnisse haben, die sie vor dem Mißbrauche neuer Wahrheit bewahren? Nun so gebe man dem Volke die Vorkenntnisse. Oder darum, weil sie regieren und nicht gehorchen dürfen? Unmöglich kann Aufklärung den Gehorsam gegen nützliche und gerechte Befehle aufheben: aber wohl gegen ungerechte. Sie sagen, sie können nicht regieren, wenn das Volk aufgeklärt würde, und sie regieren bloß, damit es es wird. Freilich gehorcht das mündige Kind dem Vater nicht mehr, sondern seinem eignen Verstand, den eben der Gehorsam dazu bildete.

Jeder hat etwas, worin er selbst denkt, und etwas, worin er nachbetet.

Es gibt verbindende und trennende Köpfe. Jene erfinden Systeme oder Epopäen, kurz, sie reißen mit schöpferischer Hand auseinanderstehende Ideen zusammen. Der philosophische Erfinder braucht so gut die Flügel der Dichtungskraft als der poetische. Die trennenden Köpfe brauchen bloß Scharfsinn, sie werfen ähnlich scheinende Ideen auseinander und sind keine Systematiker, lieber Skeptiker, Bayle.

Der Mensch schneidet nicht seine Handlungen und Neigungen nach seinen Grundsätzen, sondern diese nach jenen zu, und die Neigung ist eher als die Maxime da. Der Mann nach und der ohne Grundsätze sind nur darin verschieden, daß jener seine Neigung in e(inen) allgemeinen Satz verdolmetscht.

Nicht die wenigen Strahlen von Vergnügen, die in dieses Leben fallen, machen es uns so wert: sondern das unnennbar süße Gefühl, zu sein, das Leiden kaum stören, machts.

Fehler aus relativen Schlüssen: z. B. das Übel und den Wert eines Menschen verkleinern, indem man beide mit größern vergleicht.

Feigheit macht so gut dem Menschen das Schlimmste zutrauen als Argwohn und eigne Bosheit.

Nichts hasset man so, als die erste Äußerung eines Lasters, das man nicht erwartet.

Die Tugend des andern fühlen und ehren seine Untergebnen am meisten, weil sie sie beglückt – seine Gleichen und Obern nicht, weil sie ihnen widersteht.

Man sollte untersuchen: *was* eigentlich in uns die Wahrheit entdeckt? Scharfsinn ist's nicht, ein gutes Herz mehr – Mangel des Scharfsinns ist's nicht, wenn man die feinsten Irrtümer begeht und doch nicht auf die feinere Widerlegung kommt, aber vielleicht Fehler des Herzens.

Bloß die Großen schreiben wie die Alten, ohne Brotgier, ohne Rücksicht auf Leser, bloß in den Gegenstand versenkt.

Indem man oft zu neuen Erfahrungen und Kenntnissen den Namen suchen will: findet man, daß man den Namen schon längst, aber ohne Idee, bei sich getragen.

Von der Gleichförmigkeit der Seele. Dem Witzigen wird es ebensoschwer, einen Einfall eines Dummen zu verstehen als umgekehrt. Für jeden Menschen gibt es nur eine gewisse Art Menschen, die für ihn passet; bei den andern befindet er sich immer in einem Grade unbehaglich und gedrückt. Der mit einem großen Herzen leidet in den Alltagsgesellschaften mehr als diese von ihm; denn diesen macht er wenig(er) Langeweile, weil sie ihn für neu und närrisch halten.

Um in Gesellschaft etwas zu erfahren, muß man die Antwort nicht durch eine Frage, sondern eine Veranlassung herauslocken.

Dem Fürsten durch ein Gesetz die gesetzgebende Gewalt geben heißt sich selber vernichten – soviel, als wollt einer seiner Geliebten alles aufopfern, sogar seine Liebe. Man kann nichts bewilligen und geben, als was man kannte und wollte; man kann also dem Fürsten keine Gewalt zu den Gesetzen gegeben haben, die man nicht wußte und die uns schaden. Aber auf der andern Seite: wie weit erstreckt sich der Nachkommenschaft Verbindlichkeit, unter Gesetze sich zu bücken, die sie nicht gegeben? Sowenig ein Volk einem andern Volk Gesetze geben kann: sowenig die Mitwelt der Nachwelt.

Ironie ist der Weg und Übung zur Laune.

Wir können keine Leidenschaft etc. ohne ihre immerwährende Dauer fühlen. Wir können nicht glauben, jemand aufhören zu lieben, den wir lieben. Vielleicht ist's das nämliche, als was man ›glauben‹ oder für wahr halten hält.

Ein Hauptfehler, daß man d(em) andern nicht zutrauet, zu bemerken, was wir bemerken.

Je mehr man sich in seine Materie hineinarbeitet und jede Ideenfaser wieder zerfasert: desto origineller und ungenießbarer wird man, z. B. Sterne.

Je mehr man mit einer Empfindung, Bemerkung vertraut ist: desto allegorischer und versteckter drückt man sie aus.

Da kein Geschmack früher als der Gegenstand da sein kann, den er genießt und der ihn bildet: so muß die Tristramische Laune erst mißfallen, eh sie gefället, und den Geschmack zeugen, der sie goutiert.

Wir haben nichts darwider, was der andre von sich hält, wenn er nur von uns noch mehr hält.

Wenn es keine Freiheit [gibt] und unsre Triebe bloß uns stoßen: woher kömmt's denn, daß uns der erste beste Trieb nicht fortreis[s]et? was ist denn das Vermögen, Entschließungen abzuwägen, oder vielmehr das Vermögen, sich zur Anwendung jenes Vermögens ins Äquilibrium zu setzen?

Oft sind am besten Menschen dessen größte Tugenden und größte Flecken unbekannt.

Wir sagen ›das Leben nehmen‹, während nur Jahre genommen werden.

Nichts macht die Menschen vertrauter und gegeneinander gutgesinnter als gemeinschaftliche Verleumdung eines dritten.

Die Leute hassen am wenigsten, die ihren Haß in Spott und Laune auslassen.

Man muß seine Behauptungen nie entscheidend in Gesellschaft aufstellen, weil man sonst andern Mut und Lust benimmt, sie anzufechten. Einer, der alle seine Sätze mit einem ›vielleicht‹ entkräftet, lockt aus andern ihre Widersprüche und Meinungen.

Außer der Einsamkeit macht nichts so stolz als eine Gesellschaft, die sich immer untereinander lobt.

Gegen den Bekanntesten fühlt man größere Achtung, wenn andre sie ihm erzeigen.

Ein Genie, das nachgeahmt wird, hat ebendeswegen viele Fehler: denn sonst schreckt' es ab. (Ramler, Goethe jetzt und sonst)

Man schämt sich eines Sprachfehlers mehr als eines Denkfehlers – eines Gedächtnisfehlers mehr als eines Schluß-Fehlers.

Zeige nie in Reden Trotz und Mut, sondern in Taten – weniger Feinde machst du.

Wenn es keine Freiheit gibt: wie kömmt denn der ganz Lasterhafte zum Gefühl, daß er sie verloren? »Bloß weil er das starke Gewicht der einen Gründe fühlt« – allein der Tugendhafte fühlt auch seines, aber keinen Freiheitsverlust.

In Frauen wird man oft aus Langweile verliebt – man weiß nichts mit ihnen weiter anzufangen.

Wenn das, was du dem andern sagst, nicht entweder ein Merkwort zur Erinnerung oder ein Funke zur Erfindung ist: so versteht er dich nicht; ihr müßt euch voneinander bloß in der Zeit der Erfindung unterscheiden.

Jeder hat mehr Selbstliebe, als man ihm zutraut.

Alle große Torheiten, Schwärmereien etc. kamen daher, daß man – zu konsequent war, immer fortschloß, ohne Rücksicht auf Menschenverstand; z. B. Mönchtum; Skeptizismus etc.

Nicht die Fühlsamkeit und der Enthusiasmus der jüngern Jahre ist in ältern vermindert, sondern man kann nur, bei erweitertem Ideenkreis, von andern, bessern, also seltnern Gegenständen gerührt werden.

Nichts erkältet Liebe so leicht als Beschämung.

Die toleranten Menschen haben nicht die meiste Liebe.

Freude macht aufrichtig.

Große Seelen fallen am ersten in Selbstverachtung.

Keine Absichten werden leichter und allgemeiner erraten als die des Eiteln. Dies setzt allgemeine Eitelkeit voraus.

Denken lernt man nicht an Regeln zum Denken, sondern am Stoff zum Denken.

Wie verschieden, ob man sich in die Ober- oder Unterlippe beißet!

In jeder neuen Lage tritt man ein wenig aus der Philosophie heraus.

Man wird am leichtesten verschwiegen unter Leuten, die es nicht sind.

Beredsamkeit ist bloß Deutlichkeit.

Im nämlichen poetischen Kopf verschönert sich neben der Tugend auch das Laster.

Der Autor vermengt das Vergnügen, das ihm ein Buch als Künstler gibt, mit dem, das es andern als Lesern gibt.

Alle, die nur für Leute *eines* Fachs schreiben, z. B. Theologen, schreiben deswegen elend.

Solang ein Mensch ein Buch schreibt, kann er nicht unglücklich sein.

Aus Instinkt übt man die feinsten Umgangsregeln aus, über die man erstaunt, wenn man sie liest.

Was man selbst erfahren, kann man auch andern vortragen, obgleich es ihnen etwas Altes ist.

Es ist die größte Weisheit, sich über die Menschen hinauszusetzen, ohne sie zu hassen oder zu verachten.

Mit manchen Dingen muß man prahlen, um sich ihrer nicht zu schämen.

Ein Mann liebt Keusche und ist es selbst nicht; bei Weibern ist's umgekehrt.

Ich wäre am begierigsten, die Fehler der Engel zu wissen.

Der denkende Teil in mir entdeckt in der Welt überall Ordnung, nur der empfindende nicht, der nicht der Zuschauer, sondern ein Glied dieser Kette ist.

Bloß darum müssen wir soviel lesen, weil wir alles in 10 Büchern lesen müssen, anstatt es aus 1 zu merken.

Der neueste Gedanke altert unter der Hand eines gemeinen Schrift(stellers), der älteste verjüngt sich unter der Hand eines guten.

Dem Talent und Körper verzeiht man alles, der Tugend nichts.

Man hat eine Wahrheit lange gehört, verstanden, gelobt, eh man sie verdauet und zum Teil seines Ichs macht.

Die Kunst des Arztes wohnt zwischen der Ohn- und Allmacht der Natur mitten.

Die Situation wird nicht durch die Worte gehoben, sondern diese durch jene.

Zur Freundschaft gehört: daß wir einander gleichen, einander in einigem übertreffen, einander in einigem nicht erreichen.

Ich habe nie eine einzige Bemerkung allein gemacht, sondern es fiel mir allezeit noch eine zweite ein.

Ich bedaure nichts, was ich auf der Erde verloren, keine Jugend und keine Freude – außer dem Verlust der hohen Vorstellung, die ich von allen diesen gehabt.

Es gibt nichts Wollüstigeres, als einen Freund zu loben.

Wenn ein Jüngling und ein Mädgen miteinander einen Fehltritt begehen, so werden beide nur von dem Geschlecht entschuldigt, zu dem sie nicht gehören.

Man verdirbt unter Leuten, die einen nicht übertreffen.

Man fühlt das Bedürfnis zu unterhalten nie, wenn man interessante Gedanken hat oder zutraut; – nicht bloß in der Liebe.

Das Gefühl *findet*, der Scharfsinn wägt die Gründe.

Eitelkeit ist darum so schwer abzulegen, weil man sie, unter allen Lastern allein, den ganzen Tag genießen kann.

Zwischen dem Betragen eines orientalischen und eines monarchischen Untertanen ist ein geringerer Unterschied als zwischen dem eines monarchischen und eines republikanischen.

Der Mensch hält jede Veränderung seines Innern, jede Verbesserung und sogar jede Verschlimmerung für größer, als sie ist; er wird klüger, aber nicht weiser, er ändert mehr seine Handlungen als seine Gefühle, mehr seine Einsichten als seine Meinungen, und bloß sein Gedächtnis ändert sich am meisten. Gleichwohl ist einer, der nicht den Tag, die Stunde angeben kann, wo er gut geworden, es auch nicht. Die Besserung gibt oder nimmt uns nicht Gefühle, sondern beherrscht nur die eignen – und in jedem Menschen hat die Tugend andere Neigungen zu ordnen.

Man glaubt, man erhebe sich über alle die Leute, über die man nachdenkt und Reflexionen macht.

Es ist schöner, eine schöne Gegend zu betrachten als zu betreten.

Wenn man sich in Kleidern niederlegt, fällt die Melancholie der Nacht weg.

Wir wollen gern den Wert des Genies anerkennen, aber es selbst soll's nicht.

Jeder hat in seiner Jugend etwas von einem poetischen Genie, seine Narrheit und seine Entzückung; – das poetische Genie selbst aber lebt in einer ewigen Jugend.

Man kann die feinsten Bemerkungen über den Menschen und über Individuen machen und doch von ihnen betrogen werden, d. h. sie nicht kennen.

Die Sucht, seinen Charakter zu zeigen, sieht oft ebenso falsch aus als die, ihn zu verbergen.

Im kraftvollen Zustand ist man am meisten ärgerlich, z. B. bei Arbeiten des Geistes.

An der größten Tugend ist nichts zu bewundern, weil uns das Gefühl ihrer Erreichung bleibt – aber am Talent.

Es ist leichter, eine Tugend zu übertreiben, als sie zu haben, leichter, das Gelübde immerwährender Keuschheit zu tun, als in der Ehe zu leben.

An alles Körperliche ist Geistiges geknüpft, an Eigennutz Freundschaft, an Wollust Liebe, an den Gaumen Erinnerung, an Trank Tugend.

Eine Freude darüber, daß man was Neues entdeckt, heißt eine über einen 6000jährigen Irrtum.

Ohne Philosophie steigen und sinken die Gefühle zu weit.

Es sind verschiedene Talente, eines Charakter und eines Gesinnungen und Gedanken zu erraten.

Man drückt lieber die Augen zu, als daß man die Finsternis sähe.

Gerade Unparteiische, die alle Seiten sehen, finden weniger Beifall und Freunde, als die gegen *eine* Seite heftig sind.

Leute mit offenliegenden Vorzügen – Schöne, Witzige und Kenner vieler Sprachen – sind eitel; mit verborgenen – Tugend, Weisheit – sind stolz.

Man widerlegt lieber den, der zu schwer, als der zu leicht zu widerlegen ist.

Daß Verstand erst mit den Jahren kommt, sieht man nicht eher ein, als bis der Verstand und die Jahre da sind.

Der hohe Haß ist wie die Tugend, ohne Worte und Hitze, aber handelnd.

Die Erde als Erde ist auch dem Sinnlichsten nichts, sondern seine Ideen darüber.

Es ist ein Irrtum, daß die edlern Neigungen vernünftiger seien als die unedlern.

Kleine Seelen fühlen in ihrem Unglück nur ihren Zustand, große noch Zusammenhang, ihr Ich.

Der Blinde kann keine solchen Schrecken haben wie wir, da er keine Finsternis kennt.

Aufopferung ist leichter als Rechtschaffenheit.

Man kann keinen Gedanken gut ausdrücken, als den man oft gehabt.

Eine humoristische Stelle glänzt am meisten in einem ernsthaften Buch zitiert.

Ein Roman ist eine veredelte Biographie.

Jeder Autor dient in seinem ersten Buch bloß seinen Neigungen – im zweiten dem Geschmack.

Der vollkommene Philosoph muß ein Dichter mit sein und umgekehrt.

Von einem in Begeisterung könnte man sogar das drucken, was er denkt.

Keiner denkt mehr frei, der ein System hat.

Warum sollt es verwegen sein, dem Kant zu widersprechen? Dann wär's auch, ihm zu glauben; weil zu einem, der seine Gründe fassen will, ebenso viel gehört als zu einem, der sie widerlegen will.

Es gehört zur Tugend und Lebensart, von andern nicht zu sehr sein Recht zu fodern.

Aus einer Frau ohne Torheiten wäre weiter nichts zu machen als – ein Mann.

Weiber und Große bleiben ewig zu klug für den Weisen.

Weiber halten die Leiden besser aus als Männer; nur die der Liebe schlechter.

Eine Frau findet zwischen zwei Männern nicht soviel Unähnlichkeit als wir zwischen zwei Weibern.

E. lobt am andern nichts, was er nicht glaubt; aber um es zu loben, glaubt er's vorher.

Gewisse Menschen wären Engel, wenn sie stärker wären, und gewisse keine Teufel, wenn sie schwächer wären.

Ein Prophet (Autor) wird von seinem Vaterland zuwenig, von seinen Freunden zuviel geschätzt.

Es stärkt einen fast, daß einem die Eitelkeit der Dinge kleiner vorkömmt, wenn wir sie geschildert, d. h. durch das Medium der Poesie erblicken.

Feine Menschenkenntnis und Beobachtung ist verschieden von ausgebreiteter und vollständiger.

Ein gewöhnlicher Kopf wagt selten etwas Kindisches.

Man errät den andern mehr durch Vermutungen als durch Beobachtungen.

Die Dummen halten alle Feinen für falsch.

Bemerkungen über uns närrische Menschen

Febr. 1793

2. Bändgen

Eine starke Phantasie ist jed(es) großen Entschluss(es) fähig, aber sie macht auch – weil sie die Sache auf einer andern Seite betrachtet – desto unfähiger, ihn auszuführen.

Sanfte, weiche Menschen beweisen zum Schutz anderer einen größeren Zorn und Mut als für sich, z. B. Mütter.

Wir zeigen mit weniger Scham die Leidenschaften des Hassens als des Liebens.

Man hört, wegen der Gewöhnlichkeit, das Prügelgeschrei eines Kindes mit weniger Rührung als eines Hunds.

Wenn ein Buch nicht wert ist, 2 mal gelesen zu werden, so ist's auch nicht wert, 1 mal gelesen zu werden.

Die Liebe mindert die Feinheit der Weiber und mehrt die der Männer.

Nichts sichert (zumal die Weiber) mehr gegen Beleidigungen als die Gewißheit, daß man sie nicht vergibt.

Jakobi(s) Schriften verstand ich mehr, indem ich mich ihrer erinnerte, als indem ich sie las.

Ein Jüngling, der mit dem bürgerlichen Leben zufrieden wäre, wäre sehr mittelmäßig.

Mehr Sachen auf einmal merkt man leichter als eine.

Für einen von viel Witz und Belesenheit gibt's gar keine Unähnlichkeiten mehr.

Die Mannspersonen, die wir weibisch nennen, haben vom Weib nur die Fehler und gefallen Weibern so wenig als Weiber.

Bei manchen zerfließet alles so sehr ins Ganze, daß sie bei *eignen* Fehltritten die Schwäche der *menschlichen* Natur bedauern.

Manche wollen nur, *daß*, nicht *wie*, man sich entschuldige.

Die Eitelkeit des Umgangs wächst am meisten durch Leute, an denen man kein Interesse nimmt und mit denen man doch spricht.

Er hält sich noch nicht für tugendhaft genug, um sich kleine Sünden zu verbieten.

Der Weise rechnet das Mißvergnügen zu seinen Sünden.

Der schönste, edelste, freimachende Gehorsam ist der gegen sich – man muß nicht wollen, was man tut, sondern tun, was man will.

Übertriebner Tadel schadet Guten mehr als übertriebnes Lob.

Wenn man bei Mädgen etwan wie bei Männern auf ein schneidendes Ja oder Nein dringt: so gewinnt man sicher das Unangenehmere – sie haben eine aus Ja und Nein zusammengesetzte Antwort gewohnt.

Ferne Berge sind erhabner als nahe.

An ungebildeten Leuten ärgert e(inen) Eigennutz nicht.

Eine gewisse Seelengröße macht zur Menschenkenntnis unfähig.

Liebe ist ein Auszug aus allen Leidenschaften auf einmal.

Wenn man lang ein Kleidungsstück ansieht, kömmt's einem närrisch vor.

Eine einzige Selbstüberwindung stärkt mehr als 20 Gefühle und 200000 Predigten.

Es gibt 2 ganz verschiedene Satiren, eine gegen Laster, eine gegen Torheiten.

Eltern schlagen stärker, wenn das Kind nicht schreiet.

Unsre schlimmen Taten bleiben uns mehr im Gedächtnis als unsre guten.

Um sich von einer zu großen Liebe oder Duldsamkeit für etwas zu heilen, muß man nicht die Feinde davon lesen, sondern die Freunde. Lavater

Die größere Stärke wäre, bei der Kraft, wie ein ungewöhnlicher Mensch zu leben, der Entschluß, zu leben wie ein gewöhnlicher.

Wenn man keine besondere Gelegenheit hat, jemand seine Liebe zu zeigen: denkt man zuletzt, man fühle sie schwächer.

Manche wollen ihre Freunde nur von sich gelobt wissen.

In der Jugend hält man von hinten jede für schön.

Die meisten reden origineller, als sie schreiben.

In Leidenschaft machen wir nicht falsche Beobachtungen, sondern falsche Schlüsse daraus.

Jede Freude füllt, jeder Schmerz leert dich, aber in jener hat noch Sehnsucht Platz, in diesem noch Zuversicht.

Jeder Zustand, den eine gegenwärtige äußere Lage uns gibt, ist nicht rein, sondern ein Gemisch aus ihr und d(er) vergangnen – daher kann uns die gemeinste Lage einen ungewöhnlichen Zustand nach einer ungewöhnlichen Vergangenheit geben.

Ein Mensch, der uns bloß in unsern eignen Talenten übertrifft, erhebt uns – einer, der in ganz fremden groß ist, demütigt uns.

Man muß etwas Bessers sein als sein Stand, um ihn zu erfüllen.

Je mehr man mit d(em) andern bekannt wird, desto mehr hört man auf, den Verstand zu zeigen, und beginnt, das Herz zu zeigen.

Friedrich II. hätte vielleicht keinen Fehler gehabt und wäre ein größerer Mann gewesen, wär er kein König gewesen.

Kleine Mädgen grüßen mehr als Knaben.

Ein Narr ist nie so lächerlich, als man ihn macht.

Ein Staat ist leichter zu regieren als ein Mensch.

Warum lieben wir die Tugend an andern zehnmal mehr als an uns? Warum fühlen wir so viel Wärme gegen einen Aufopfernden und halten's für Schuldigkeit bei uns? *Einmal* müssen wir uns irren.

Die Weiber lieben einander nicht so sehr, weil sie sich nicht in den schönsten Augenblicken je sehen – des Gebets und der Liebe.

Das, was er nicht verbergen konnte, ließ er nicht erst erraten, sondern sagte es selbst, um das Opfer der Aufrichtigkeit zu bringen.

Manche Menschen macht man durch die größten Wohltaten nicht so warm als durch das kleinste Lob.

Einer kann uns ohne Egoismus sein Leben mit *Interesse* nur schriftlich, aber nicht mündlich erzählen.

4erlei gute Mädgen, die mit, die ohne Ehre – mit, ohne allgemeine Betrachtungen.

Wenn ein Mensch eine gewisse Anzahl Wohltaten empfangen: hört er auf, sie zu zählen.

Wenn die Menschen immer Versuchungen zu großen Sünden hätten: sie blieben gut; aber die täglichen Kämpfe gegen kleine gewöhnen an Niederlagen.

Scharfsinn ohne Empfindung ist Mühlstein ohne Korn.

Manche geben allen großen Wahrheiten Kleinheit, wenn sie sie nur sagen.

Man wird zuletzt tolerant, denkt man, gegen die Menschen; aber man ist nur gleichgültig.

Bei jeder neuen Lage fängt man eine neue Jugend an, man verjüngt sich, wenn man sich verändert. Ein Konrektor ist älter als ein Rektor, der er wird.

Man kann Liebe selten zu spät, immer zu bald gestehen.

Unterschied unter Männern und Weibern, daß diese in der Leidenschaft keine Gründe annehmen.

Man gewinnt mehr, wenn man Mädgen etwas für sich tun lässet, als wenn man etwas für sie tut.

Schwerlich kennt die Frau unter der Liebe etwas größers als die Liebe – der Mann kennt mitten darunter noch seine Lieblingsarbeit, seine Philosophie als das Größere. Bei ihr ist sie Ziel; bei uns ist sie Spaliergewächs an den Schranken zum Ziel.

Der Mensch genießet den jetzigen Augenblick nicht, wenn er nicht *gewiß* weiß, daß der künftige auch Glück zuführt. Daher quälet er sich mit der Jagd nach Hoffnungen und mit der Flucht vor Befürchtungen. Um nun eine störende Befürchtung loszuwerden, bequemet er sich lieber zu den tollsten Hoffnungen.

Der Mensch erträgt ein neues Übel darum unwilliger als ein größeres altes, weil sie es, aus Mangel an Wiederholung, noch für kein notwendiges halten.

Der Mensch kann nicht eher wissen, wie gut er ist, als bis einmal sein halbes Glück von einer großen Sünde abhing.

Das Alter ist trüber als die Jugend, nicht, weil seine *Freuden,* sondern weil die *Hoffnungen* erloschen sind.

Wem eine Frau gleichgültig wird, bei dem fängt die Sinnlichkeit an.

Feinheit des Ausdrucks ist verschieden von Feinheit der Gesinnung.

Vielleicht die männliche Herrschsucht daher, weil Weiber keine Gründe annehmen.

Man errät die Menschen am besten, wenn man sie bei Erzählungen um ihre Vermutungen der unerzählten Zukunft fragt.

Die Weiber beherrschen Männer mehr als umgekehrt, weil nur diese Gründe annehmen.

Keinem Gesichte steht ein häßliches übler als einem schönen.

Wie leichtsinnig Weiber sind, [sieht man] daraus, weil der Gedanke des Todes bei der Schwangerschaft nicht mehr Einfluß auf sie hat.

Wenn man etwas hört, das einen in Erstaunen und zugleich in Verwirrung wegen der Antwort setzt: so muß man kalt eine kurze einsilbige Frage tun, die eine lange Antwort braucht.

Wenn man bezahlt wird, denkt man, man arbeitete zu wenig – wenn man arbeitet, man bekomme zu wenig.

Ich begreife nicht, wie ein Mann sagen oder glauben kann, er sei schön, ohne rot zu werden.

Wenn sich einer nur einmal zwingt nachzugeben: so sieht er, daß er nicht viel nachzugeben braucht und daß der andere auch nachgibt.

Es ist unbegreiflich, wenn man in den höhern Ständen sieht, wie viel eine Frau braucht, um keine Langweile zu haben – *in unsern, wie wenig.*

Man unterlässet zu viel Gutes, weil der Nutzen, und begeht so viel Böses, weil der Schaden *zweifelhaft* ist.

Man verbindet sich oft einen Menschen, wenn man nach dem Namen seines Hundes fragt.

Nur ein Mann, keine Frau, kann eine Stunde vor einem Ball in einem philosophischen Buche lesen, oder darin gar daran denken.

Voltaire widerlegt den Pascal und hat überall recht – nur darin nicht, daß er ihn nicht verstand.

Derselbe Scharfsinn findet an allen Behauptungen das Wahre, der an allen das Falsche entdeckt – er weiß kaum, wo er anfangen soll, zu widerlegen oder beizutreten.

Im Sommer ist man menschlicher, im Winter bürgerlicher.

Bei Mangel an Talent ist's besser zu sprechen als zu schreiben.

Nur in 1 Fall sind Weiber Weibern lieber als Männer – wenn sie nämlich als Gäste kommen: mit Männern können sie nichts reden. –

Sogar in unserer Erinnerung ist uns die Vergangenheit als Fülle früherer Erinnerung schön.

Manche können leichter die Lehrer der besten als der guten Menschen sein.

Leidenschaft macht, daß man besser und schlechter handelt als die Vernunft täte.

Man entschuldigt seinen Fehler bei sich dadurch, daß man ihn sogleich bereuet, und setzt doch bei [einem] andern nicht voraus, daß er den kleinen sogleich nach dem Begehen bereue.

Der Stand erhebt die Großen über die Urteile, die die Kleinen über ihre Tugenden fällen – aber nicht über ihre Vorzüge. Sie rächen nicht die beleidigte Achtung, sondern die beleidigte Eitelkeit.

Kluge halten das Gewöhnliche, Dumme das Ungewöhnliche für toll.

Wir täuschen uns über den Wert eines Autors, da wir nicht an die vielen Minuten denken, wie er das Werk Glied vor Glied zusammengeschoben.

In einem Vormittage, wo man reiset, ein ungewöhnliches Geschäft hat – kurz in jeder *neuen* Lage – lebt man mehr, sieht das Leben anders, fühlt sich mehr als in 4 gewöhnlichen Wochen.

Es ist ebenso fehlerhaft, nicht überall die Sinnlichkeit, als überall ihren Sieg voranzusetzen.

Feinheit überall wirkender als Kraft.

Ich ärgerte mich über den Menschenlärm unter mir und konnte nicht eher schlafen, als bis ich wußte, es seien Pferde.

Jede Arbeit, auch philosophische, poetische, lenkt den Menschen vom Ich und oft vom Bessern ab.

Fehler, daß man den andern nur widerlegen, nicht überreden will.

Gegen Liebe ist man nie undankbar, nur gegen Wohltaten.

Eigentlich müßte man für jedes Individuum ein besonderes Buch schreiben.

Menschen beweisen sich in Gesellschaft Sachen, die jeder glaubt.

Eine nie auf die Probe gesetzte Frau denkt stets von sich zu gut und von dem Sieg zu leicht.

Es verlohnt sich nicht, daß man alle Bücher widerlegt. Exzerpieren isoliert und hebt eine Sache heraus.

Der Gelehrte erwirbt sich mehr blindes Zutrauen als der Scharfsinnige, weil jenem nur der Gelehrtere, diesem jeder widersprechen kann.

Es ist leichter, die Menschen zu lieben, als zu ertragen – viele heftig zu lieben, als keinen zu hassen.

In den Weibern ist der höchste Kontrast der Aufopferung und der Schwäche – der Tugend und der Kleinlichkeit.

Die Schwätzer von lohnendem Bewußtsein guter Taten haben wenig getan – sie hätten sie sonst vergessen –, sie hätten sich sonst erinnert, daß die Gewissensbisse mit der Stärke des Gewissens steigen und daß die besten Menschen sich mehr vorwerfen als die schlimmsten.

Ein *ganz* Tugendhafter muß viel Geist oder Feuer haben, um nicht langweilig zu sein.

Man legt leicht die großen Unarten ab und hat noch immer die kleinen der Gewohnheit und Erziehung.

Uns greift ein auf der Straße verwesetes Vogelgerippe an, aber keines, das auf unserm Teller liegt.

Man liebt die Menschen mehr, wenn man den Entschluß, ihnen eine Wohltat zu erweisen, fässet, als nachdem er ausgeführt ist.

Ein Volk kann nicht auf seine Genies, sondern auf das Volk, auf die Menge stolz sein – die Genies können auf die Genies es sein.

Bei der Besserung sieht man, daß man eine Menge Dinge im Umgang, die man aus Höflichkeit und Mode tat, aus Tugend nun tut und leichter.

Ein Mann von Verstand gibt Leuten von Verstand zu leicht sein Herz.

An Weibern ist alles Herz, sogar der Kopf.

Man sagt zu Ochsen ›dummer Esel‹ und umgekehrt.

Man liebt noch den Ort der Liebe, wenn man gegen die Person keine mehr hat.

Man sollte nie mit dem Edeln zugleich einen unschuldigen, aber nied(rigen) Zweck erreichen – es ist nichts gefährlicher für die Moral (Tugend), als von ihr zu leben.

Menschen erraten heißet nichts als sich ähnl(icher) Erfahrungen besinnen. Mit einem ganz neuen Charakter kömmt der größte Menschenkenner nicht aus.

Es ist leichter zu schmeicheln, als zu loben.

Die Menschen, besonders die Weiber, wollen lieber gelobt als geliebt sein.

Ein anderes ist der Mut, d(er) Gefahr nicht zu achten, ein anderes, sie nicht zu sehen, zu verachten, ihr zu trotzen.

Zwischen 4 Wänden sind alle Menschen Sonderlinge, nur nicht offen.

Man sagt leise: »ich empfehle mich Ihnen«, wenn man den Hut von weitem zieht.

Keine Fehler sind von den Besten schwerer zu verzeihen als die der besten Menschen.

Es ist ein geringer Unterschied zwischen dem Stolz auf wahre Vorzüge und dem auf keine.

Man glaubt oft, man könne nicht gut sprechen, da einem doch nichts fehlt als der Stoff zu sprechen.

Genuß der Ehre hindert den der Natur.

Goethe, so dramatisch und in fremdem Namen redend, daß er sich nicht finden kann, wenn er etwas im eignen sagen soll.

Wenn zwei körp(erlich) zusammenstoßen, denkt jeder, nur der andere habe Schmerz und Recht – bei moralischem Zusammenstoßen das Gegenteil.

Die Menschen wären alle bescheidener und demütiger, trieben sie alle nur *eine* Kunst.

Jeder kömmt sich selber leer und mager vor (ausgenommen wenn er sich vergleicht), weil er sich ganz auskernt und erschöpft mit der Idee. Keiner kann seine eigne Gelehrsamkeit bewundern, weil er sie ganz kennt.

Die höchste Liebe glaubt und fodert höchste Vollkommenheit, daher ist sie ihrem Ende am nächsten.

Ehrgeiz ist verschieden von Ehrliebe – diese sündigt nie gegen die Ehre, aber jener, der nach Schande nichts fragt, um berühmt zu sein – diese will eigne Achtung, jener fremde, diese ist bei Weibern, jener [bei] Männern.

Nichts ist an Rousseau so groß – der sich selber kleiner darstellet, als er war, wie bei jedem großen Mann der Fall sein müßte, wenn er uns in alle Ecken seiner Seele blicken ließe – als dieses, daß er mitten im Leben der großen Welt und in Paris seine hohen Grundsätze entwickelte und behielt. Diese Festigkeit gegen die untergrabende Zerstörung der äußern Welt ist die höchste Stärke der Seele.

Die Keuschheit wohnt weder in den obern noch untern Ständen – sondern in den mittlern.

Das Einfältigste sagt man im Anfang in einer Gesellschaft, das Beste zuletzt.

Ein rechtschaffener Menschenf(ein)d sagt im Zorn mehrere und nützlichere Wahrheiten als in der Liebe.

Man glaubt einem Mann von Talent mehr, was er versichert, als was er beweiset – Hier untersucht man erst seine Beweise, dort ist er einer.

Wir sind begieriger, fremde Menschen zu observieren und auszuspähen als tägliche und nahe.

Man kann gewiß sein, dem andern nicht viel Vergnügen gemacht zu haben, wenn man lauter Sachen sagte, die uns eines machten und so umgekehrt.

Nonnen mager, Mönche fett, Beweis der weiblichen Mäßigkeit.

Bemerkungen über uns närrische Menschen

Jenn. 1797

3. Bändgen

Niemand ändert sich schwerer, als der stets unter andern oder in Geschäften lebt, d. i. träumt – die andringende, überhäufende Gegenwart ersticket jeden stillen Keim.

Ein Autor bringt durch Selbstdefension(en) seine Anklagen auf und in die Nachwelt. Für die Mitwelt sind sie entbehrlich; seine Freunde glauben den Anklagen nicht, seine Feinde den Defensionen nicht.

Man denkt, jeder gehe dahin, wohin man geht.

Die Schwachheiten großer Menschen werden von kleinen so leicht erraten als die der Lehrer von Kindern.

Nichts führt von aller innerer Beschauung weiter ab und vom Blick gegen die verschleierte Welt als Ehrgeiz.

Niemand könnte sich verhaßter und langweiliger machen als einer, der in allen Sozietäten Menschen nur lobte.

Man ist gerechter gegen seine Feinde als gegen seine Freunde.

Um froh zu sein, muß man einen langen Geschäftsplan haben, der doch die Freuden nicht aussperret, sondern einschließet: am besten wenn die Geschäfte und Freuden in eins fallen (bei mir).

Wenn an den Großen alles erstirbt, sogar der Ehrgeiz, grünet doch die Eitelkeit noch.

Es hilft wenig, daß uns das Schicksal reich macht: unsere Wünsche machen uns wieder arm.

Der *Schlechteste* kennt einen Preis, wofür er seine Rechtschaffenheit nicht hingibt; er unterscheidet sich vom *Guten* durch den kleinern (nicht vom Besten).

Jedes Geschlecht vergibt bloß die Fehler des seinigen dem andern Geschlecht nicht.

Man tut oft bloß stolz, weil man vermutet, der andere denke stolz.

Der aus dem gemeinen kriechenden Stand Emporgekommene will stolz sein und kann es nicht, und ihm entfährt immer Höflichkeit gegen die alten Gegenstände.

Eheweiber sind scharfsichtig, wenn ein Mensch sich den Ehemännern empfehlen will, und diese, wenn ein Mensch sich der Frau.

Ein berühmter Autor sollte auch Sätze, die andere gesagt, wiederholen, um der Wahrheit sein Gewicht hinzuzutun.

Je mehr man Menschen kennt, desto weniger schildert man Individuen.

In den Augen des Bewunderten ist der Bewunderer nicht stets klug, wie Helvetius sagt, aber doch gut.

Jeder hält seine Verstellung für feiner als die fremde und wird daher betrogen.

Den meisten Menschen gilt Bewunderung, Schätzung so viel als Liebe, sie vermengen beide.

Werke, die man schreibt und die man tut, kann man erst lange nach ihrer Vollendung korrigieren.

Die Menschen hassen und merken in der Liebe leicht das Gefühl der Unabhängigkeit.

Die Geschichten, die man in der Kindheit las, nehmen etwas vom Zauber unserer eignen Kindheit an.

Die erste Wiedererblickung lang ersehnter Menschen gibt diesen etwas von der Idealität der Vorstellung.

Nichts ist bei der häufigen Lektüre schädlicher, als daß uns die Lehren der Weisheit – ohne daß eine gegenwärtige Erfahrung sie auf uns bezöge – so wiederholet werden, daß wir sie nie auf uns anwenden.

Man muß nicht seine Vorzüge auskramen, um den andern zu gewinnen, sondern ihn gewinnen, um jene auszukramen. Die Höflichkeit etc., womit ich jemand aufnehme, ist die Grundierung, worauf er mein Bild aufträgt.

Gewisse Dinge (Mode, Kleider, Lebensart) muß man früher verachten als achten.

Wir halten die *Leichtigkeit* zu sündigen für die *Erlaubnis* dazu.

Der Spott über Abscheulichkeit (wenn es nicht juvenalischer ist), z.B. Päderastie, mindert den Abscheu mehr, als er ihn mehrt.

Ein berühmter Autor und ein Fürst brauchen nur zu reden, nicht gut zu reden, um zu gefallen.

Die Weiber ändern ihre Meinungen schwerer als die Männer, weil sie mehr Gefühle als Schlüsse sind.

Kein Enthusiasmus der Liebe ist so groß als der der Zusammengewöhnung, der auf jenen folgt.

Sprachmaschine ist wegen MenschenÄhnlichkeit so fürchterlich als Wachsbild.

Die Weiber halten sich für besser als die Männer; jene fehlen ohne Bewußtsein des Fehlers, diese mit.

In der Sprache der Liebe gibt es keine Pleonasmen.

Weiber sprechen lieber *von* als *in* ihrer Liebe, Männer umgekehrt.

Den berühmten Mann freuet kein anderes Lob weiter als ein größeres.

Sanftmut muß stets *nach* der Kraft (Jugend) kommen, sonst Schlaffheit.

Mit Intoleranz muß der Jüngling anfangen, nicht enden, nicht umgekehrt.

Wenn man zuviel wichtige Dinge zu sagen hat, fängt man mit den unwichtigen an.

In einer ewigen Meßstadt würde alle Menschenliebe aufhören.

Man ist in der Liebe darum ungerecht, weil man den andern für vollkommen hielt.

Das Reden mehrt die eigne Rührung mehr als fremde.

Ein wiederholtes Abschiednehmen entkräftet das letzte.

Manche halten ihre veränderte Ansicht eines Menschen für eine Veränderung desselben.

Man kann wohl einen Schwarm Mücken im Zimmer sumsen hören, aber nicht *eine.*

Den Verstand, Witz etc. des andern (Ehe) kriegt man satt, nie sein gutes Herz: nur dieses ist unerschöpflich.

In einer neuen Stadt sind die ersten begegnenden Mädgen am interessantesten.

Die kleinen Gründe erschaffen den Entschluß nicht, sondern man waffnet sich mit ihnen nur gegen äußere Anfechtungen desselben.

Ewige Unart, aus Gelehrsamkeit oder Tugend in einem Falle [und] Fache, auf sie in andern Fällen und Teilen zu schließen.

Statt einen Scheffel Salz(es) mit einem Freund zu essen, braucht man nur 6 Meilen mit ihm zu reisen.

Das Landleben ist *in,* nicht außer uns.

Äußerer gemäßigter Stolz gibt dem Verdienst einen größern Schein.

Ein Torheit, über die viele Satiren gemacht worden und bei der jede neue Satire verliert, ist in der Wirklichkeit desto komischer.

Hat einmal ein Mann alle männliche Tugenden: so verschönert ihn eine kleine weibliche, z. B. Reinlichkeit, unendlich in weiblichen Augen; und so umgekehr[t] mit Weib.

Wenn man sich eines Fehlers anklagt, so hat man ihn stets größer, als man ihn malt.

Gewisse Dinge, z. B. Entführung, sind uns in Büchern alt und [im] Leben neu und letzt(ere) wund(ern) uns dann.

Der Pöbel achtet Pedanten.

Der Mann bequemt sich zuweilen, um frei zu werden – die Frau muß sich ewig bequemen.

1 Kuß ist mehr wert als 2 oder gar 20.

Man beruft sich immer auf die Nachwelt, als ob sie nicht oft ebensoviel Lob nähme als gäbe.

Man muß sich immer einen Rat geben lassen – wenn man ihn auch nicht befolgt, so benützt man ihn doch.

Die Höflichkeiten der gemeinen Leute sind immer vom nächsten Stande über ihnen geborgt.

Der Uneigennützige hasset Egoisten nicht so sehr als der Egoist.

Vernunftgründe wirken nur auf Affekt, wenn sie ihn beföderen.

In unserer Menschenliebe ist nicht bloß die Süßigkeit des Gefühls der Liebe, sondern auch die Süßigkeit des Gefühls des Rechttuns.

Die Weiber lieben den ganzen Tag; den Männern fällt das verdrüßlich, sie möchten es gern haben, daß jene gerade zur Stunde mit der Liebe da wären, wo sie sie haben.

Es ist oft sehr gefährlich, von seinem Verstande und Herzen zu schlecht zu denken – der Irrtum schafft die Wahrheit.

Man schreibt sich leichter falsche Vorzüge zu, als man seine wahren errät.

In feinen Gesellschaften wird nur der abwesende persifliert, in gemeinen spaßet man über d(en) gegenwärtigen.

Verachtung ist mehr als Haß; jene kann der Weise haben, sie ist unwillkürlich.

Die Wettergespräche [kommen] nicht von Langweile, sondern weil der Mensch immer eine starke fortdauernde Empfindung mit Worten äußern und geben will – wäre Krieg, so gäb's Kriegsgespräche.

Berühmte Leute, Fürsten, Schöne kann man selten durch ein Lob einnehmen, aber durch jeden Tadel erzürnen.

Wie Deutsche Straßenraub außer Landes für erlaubt hielten, so Mord im Krieg 18/12; so überall; Fehler, die man sich nicht gegen seine Familie etc. und Anhänger erlaubt, verstattet man sich gegen Fremde.

In höhern Ständen wirken die Weiber mehr auf fremde Männer, in nied(ern) auf eigne.

Die Verstellung und Eitelkeit durchgreift manche so, daß sie unbewußt es tun und es nicht mehr anders machen können.

In einer großen Stadt sein, heißet Reisen und umgekehrt.

Weiber argwöhnischer als wir.

Ein Mensch, dem zu lang die Liebe verweigert worden ist, findet dann in einer wirklichen zu wenig Reiz, aus Mangel an Verweigern.

Warum will der Mensch, wenn er nicht alle bekehren kann, nicht wenigstens einige Menschen ändern?

Mancher ist im Namen eines Lieblingsautors eifersüchtig – freuet sich über jedes Lob auf ihn –, aber bloß, weil er in sich eine Ähnlichkeit mit diesem ahnet.

Man glaubt stets, nur *dieser* Autor sei in der persönlichen Erscheinung schlecht, aber alle ungesehene herrlich.

Anfangs macht man das Buch nach sich, dann sich nach dem Buch.

Weiber sind rein menschlicher, weil der Staat ihnen keine einseitige Bildung aufdringt.

Je älter man wird, desto toleranter gegen das Herz und intoleranter gegen den Kopf.

Nichts wird weniger in Gesellschaft erraten als die Empfindsamkeit, besonders die männliche.

Die Kinder erraten die Eltern besser als diese jene.

Tätige Leute weniger Ordnung als müßige.

Ein Wirt ›Zum Erbprinzen‹ denkt nie, wenn er seinen Erbprinz sieht, daß er dessen Namen [führt] – so verschiedne Bedeutungen hat 1 Wort.

Ich will lieber lieben, ohne geliebt zu werden – als ohne zu lieben, geliebt werden.

Weiber behalten eigne Geheimnisse, Männer fremde.

Bemerkungen über uns närrische Menschen

Mai. 1799

Viertes Bändgen

Die Männer machen sich von großen Männern eben jene romanhaften Vorstellungen als die Mädgen von ihren künftigen Romanhelden.

Das Verstecken der Eitelkeit ist eine größere (gehaßtere) als jede.

Ungleich den Franzosen und Engländern, loben die Deutschen nichts (an einem Autor, Menschen), ohne alles zu loben; sie glauben parteiisch sein zu müssen.

Die Eitelkeit besteht nicht in der Kleidung, oft kaum im Handeln, sondern in der ewigen unmerklichen Stellung jedes Worts, damit es höheres Lob abwerfe.

Da die Männer viel origineller sind, was kein Mädgen errät: so sind oft diese in der Ehe unglücklich, weil sie es nicht voraussehen und fassen.

Wenn das Schicksal 10 günstige Umstände vereinigt, so wundert man sich über den Mangel des 11., nicht das Dasein der 10.

Bei den Männern Unterschied bestimmter Anlagen – zu Mathematik, Botanik, Musik, Philosophie –; bei Weibern nicht.

Weiber gewöhnen sich Gleichgültigkeit und Unaufmerksamkeit gegen Wissenschaft und Taubheit an, weil die Männer zu oft vor ihnen von wissenschaftlichen Dingen reden, die ihnen unbekannt.

Man begeht entweder Fehler des Stolzes oder des Kriechens, wenn man nicht die Anerkennung des eignen Werts voraussetzt.

Der geheimste Geist eines Autors verrät sich nicht in den bösen, sondern in den schönsten Charakteren, die er immer mit der Schwäche seiner Natur unwillkürlich begabt.

Der Spaß ist unerschöpflich, nicht der Ernst.

Die Weiber sind so verschieden von uns, daß der erfahrenste Mann immer noch 3 Zeiten durchgeht, wo er sie 1) über, 2) neben, 3) unter sich setzt.

Selber Kinder haben wieder etwas Kindisches, worüber sie selber lachen.

Bei den Ursachen unbekannter wichtiger Begebenheiten raten wir immer auf angenehme oder unangenehme, selten auf wahrscheinliche und natürliche.

Die Menschen (zumal Weiber) verraten leichter (zumal spät), daß sie Absichten *verfehlen*, als daß sie sie *haben*.

Wir irren in nichts mehr als in unsern Prophezeiungen, daß künftig etwas werde schlimmer (z.B. kränker) oder besser (reicher) werden. Die Neigung, systematisch zu schließen (sein), schieben wir der Natur unter; und diese leichtere Verkettung halten wir für Wahrscheinlichkeit.

Die Mädgen verstellen sich besser als die Weiber.

In den besten Reisebeschreibungen interessiert uns doch der Reisende am meisten, wenn er sich nur zeigen mag. Wer eine Reise beschreibt, beschreibt damit sich immer auch selber.

Es ist nicht halb so ungesund, Philosophie zu lehren, als zu lernen, e(ine) Philos(ophie) zu machen als zu lesen.

Es gibt Menschen, die man nicht hasset und nicht sehr liebt, aber ein wenig, die verschwinden, ohne daß man es merkt, wiederkommen ohne Freude – Für Große gibt es keine andern, und sie sind keine andern.

Man fragt den andern um Rat, nicht, weil man nicht weiß, was man tun soll, sondern weil man es weiß, aber nicht gern tut – der andere soll dann einer guten oder bösen Neigung den Ausschlag [geben].

Die Deutschen nennen alle ihre Freuden ausländisch: Ressource, Casino, Klub, Cercle etc. Assemblée, Hôtel, Table d'Hôte, Harmonie, Museum.

Die Engländer gefallen uns in Büchern, weil uns der Stolz in der Darstellung gefällt, aber nicht in der Wirklichkeit.

Das Beste in einem Menschen ist das, was er selber nicht kennt.

Niemand hat die Kraft – wenn er auch will –, in *einem* fort unglücklich zu sein, sondern er wird glücklich.

In der Ehe müssen die Männer die Liebe mehr durch Worte, die Weiber durch Taten beweisen.

Der schönen Aktrice rechnet man immer ein wenig den Geist ihrer Rolle zu ihrem.

Je älter, desto mehr entschuldigt, desto weniger achtet man d(ie) Menschen.

Man spricht und dichtet viel eher von der Leerheit und Nichtigkeit des Lebens, als man sie kennt; man spricht ungern oder nicht freudig davon, wenn man sie kennt.

Der Dichter ist freier als der Philosoph.

Die Liebe ist, ihr Ende ausgenommen, sich überall gleicher, als man sagt.

Das Lob, das man im Enthusiasmus einer Frau über eine Eigenschaft gibt, gefällt ihr wenig, wenn man diese für eine der Weiblichkeit, des Geschlechts, ausgibt.

Weiber haben große Kräfte *für*, aber kleine *gegen* die Liebe etwas zu tun.

Jeder modisch Gekleidete hält sich für den Repräsentanten des Jahrhunderts oder Dezenniums.

Wer die Menge unbedeutender ungenial(ischer) Bücher sieht, hält die Menschen für noch unbedeutender.

Die Menschen haben überall die Neigung, alles auf etwas Höheres zu deuten, so die Linien in der Hand.

Die Jugend ist die Periode der Nachahmung.

Anfangs verträgt der Autor Lob mit Tadel vermischt. Dann hat er das Lob so oft gehört, daß er ein neues fodert und liebt; und so soll immer mehr vom Tadel aufgehoben werden, bis er gar keinen mehr leidet. (Gilt auch für Leute in Ämtern.)

Manche drücken durch lautes Lachen ihren Enthusiasmus, z. B. über herrliche Musik, aus.

Im Traum kann man (wenigstens ich) sich der tiefsten Gefühle aus der Kindheit erinnern.

Die Natur bestraft alles, an den Besten auch die kleinsten Fehler und gerade diese am härtesten.

Um ein guter Gesellschafter zu sein, ist es sehr gut, etwas zu treiben, was die Gesellschaft selbst interessiert. Daher ist ein Jurist, Kaufmann unter Bürgerlichen an und für sich ein besserer als ein Philosoph oder gar Dichter.

Die Weiber kommen jetzt durch das Sprechen der Männer um ihre religiösen Meinungen, ohne zu wissen wie.

Die Weiber sind mitleidiger bei männlichen Schmerzen als bei weiblichen.

Begebenheiten, die im Roman nicht mehr romantisch sind, sind's in der Wirklichkeit, z. B. Entführung.

Um die Menschen recht zu lieben, muß man sie immer aus einem noch höhern Punkt als dem unserer Verhältnisse (der Freundschaft etc.) ansehen, nämlich aus dem der Menschheit oder Moralität.

Bei schönen Stellen im Theater hustet niemand, es ist also willkürlich.

Man muß die guten Weiber glauben, um sie zu finden, wie die Tugend üben, um sie zu kennen: wer im Steinsalzbergwerk wohnt, kann leicht die Welt über ihm leugnen.

Die Menschen glauben sich nach einem zu richten, indes sich der eine nach ihnen richtet.

Der stille Egoismus der jetzigen Gefühlsmänner liegt schon darin, daß sie dem Helden Briefe an einen Freund diktieren, gegen den er keine Liebe zeigt und den er nur hat, um eine Adresse für seine Publikums-Briefe zu haben.

Ein witziger, launiger Autor ist's am Anfang des Buchs am meisten.

Man denkt beim Spotten und Widerlegen mehr daran, es denen, die schon auf unserer Seite, deutlich zu machen, als den Widersachern.

Nur der Hofmann könnte bürgerliche Sitten schildern und wir seine.

Die Liebe der Menschen ist leichter zu erlangen als wiederzuerlangen.

In den alten deutschen Anleitungen zur Höflichkeit stehen ebenso viele Chesterfield Gebote der Falschheit etc.; aber bei ihrer Dummheit merkt man die Immoralität nicht.

Es ist der größte Fehler in einem Leben, das man entweder schreibt oder führt, in der Ferne eine unentwickelte Knoten-Dunkelheit zu sehen und nicht jetzt gehörig zu entwickeln, sondern mit zugedrückten Augen zu hoffen, sie gebe sich schon.

Bücher wirken wenig auf Individuen, aber doch auf das Jahrhundert und mithin auch auf jene.

Ein Mensch kann so wenig den ganzen Geschmack haben als *ein* Mensch die Wahrheit – die Menschheit hat beides.

In einer kleinen Stadt ist es hart zu heiraten, die Lotterie ist klein und d(er) Nieten viel – es ist schwer, unter wenigen das Beste zu finden. 30. Jun./1801.

Um sich etwas zu erklären, nimmt die große Welt lieber die entsetzlichste Sünde als eine gewöhnliche an.

Da man bei der Lektüre geistreicher Werke seinen Verstand tätiger und leichter-wirkend fühlt: so trägt man diese Leichtigkeit in den Autor über, es sei ihm leicht und süß geworden – umgekehrt, wenn es einem schwer wird.

Autoren vermengen Freude am Hervorbringen mit der am Hervorgebrachten und denken eine kurze Zeit von sich zu gut.

Wie wenig der Mensch Anteil an fremdem Unglück nimmt: sieht man, weil der gefällt, der eines erzählt.

In der großen Liebe glaubt man alles opfern zu können; und das kann sie auch, wenn das Opfer sie zugleich nährt und befriedigt. Aber die andern Opfer – z.B. des Verzeihens etc. – entkräften die Liebe selbst, die opfern will; und daher hängt das Glück nicht von der Heftigkeit der Liebe, sondern von der Energie des ganzen Charakters ab.

In die Stelle eines andern sich zu setzen – oder in die eigne vorige – ist zu schwer, weil die Phantasie nicht bloß einige Handlungen etc. zu erneuern oder nachzuahmen hat, sondern dessen ganze körperliche Lage, dunkle Ideen, unbewußte Einflüsse.

Der eitle, selbstgefällige Autor verrät sich durch den Helden, den er zuviel Rücksicht auf sich selber nehmen lässet.

Man hält es halb für unmöglich, wie man einen Fürsten etc. durch seine Gewohnheiten, Launen regieren könne, da er sie und diese Absicht doch kennen müsse; allein in der Minute der Laune etc. ist er so von ihr befangen, daß er sie für keine hält, und wenn es ist, doch keine Kraft des Widerstehens hat. Die Frau sagt es ihrem Manne und regiert ihn doch.

Der kalte Mensch – immer, in Wahrheit – ist viel seltner als man glaubt.

Der Liebende ist so strenge-fodernd gegen die Liebende nicht seinetwegen, sondern (ihretwegen) damit die rechte Liebe und (oder) ihr Gegenstand sei.

Jeder kennt noch ein Zeremoniell, über das er schimpft, und eines, das er behalten wissen will.

Die Trunkenheit vermehrt schön 2 schöne Dinge, Mut und Liebe.

Man muß bei den andern voraussetzen – was man selber so oft tut – daß die Ungereimtheiten, die ihnen entfahren, von ihnen in der Stille gemißbilligt, zurückgenommen werden.

Der Kopf ändert sich ewig, das gute Herz wenig.

Ein großes Unglück darf man leichter unmotiviert dem Helden begegnen lassen als ein großes Glück, so sehr setzt man das Mißverhältnis zwischen Glück und Wert voraus.

Am Tage, wo man Geld bezahlt bekommt, gibt man ein wenig mehr aus.

Die Menschen werden mehr voneinander verschieden durch die inn(ern) Anlag(en) zur Freude als durch die äußern Verhältnisse, in denen jene wirken.

Die bloße, nackte Wahrheit wird für die meisten Unwahrheit; durch ihr Kleid wird sie wahrer.

Man will von fremden Wesen sein Ich recht geliebt haben, nicht aus Eigennutz, sondern um es wieder recht lieben zu können.

Man hofft, daß der andere glauben soll, unser Gesicht sei nicht getroffen, da wir selber doch immer fremden Kupferstichen glauben; so Rezension und Verleumdung.

Manchen gibt man das Gefühl, wodurch man es andern nimmt, durch Schlüsse.

Sich selber Wort halten schwerer als andern.

Die Philosophen halten immer im stillen den Wert und die Ausdehnung ihres Objekts für die ihrer Kraft und ihres Amts und ihre Anstrengung für die größte, weil diese alle andern deduziert.

Jeder Autor, auch sogar [der] mißfallende, reißet uns in sein Lehrgebäude hinein, daß wir vor dessen Mauern die ganze Welt eine Zeitlang nicht sehen; schon das lange feurige Vorstellen seiner Sätze verdunkelt uns fremde und wird ein halb(es) Glauben.

Man imponiert und gewinnt mehr, wenn man über eine Sache *lange* spricht, als *viel* (kurz); die Ausdehnung der Rede gilt für Ausdehnung der Kenntnis.

Wer sich nur halb verstellt: hat zugleich den Nachteil der Verstellung und der Offenherzigkeit.

Es gibt eine Zeit in der Jugend, wo – wegen der Kraft etc. – uns der Skeptizismus gefällt, der uns nachher, näher am Grabe, peinigt.

Ein Rezensent lieset alle Satiren gegen Rezensenten, die früher als er geschaffen worden, kalt.

Weit mehr sind aus Schwäche Schmeichler der Fürsten und a(nderer) als aus Eigennutz; die Wahrheit ist leichter zu hören als zu sagen.

Um die Aristokraten, Großen recht zu erraten, betrachte man ihr Betragen gegen ihre Bediente; es gibt mehr großmütige Bediente und Arme als Herren und Reiche.

Wir fühlen den Weg zum Bösewicht schwerer hinab als zum Heiligen hinauf.

Dichterinnen klüger als Dichter.

Nicht gegen die Treulosigkeit der Menschen sollte man eifern, sondern gegen die anfängliche Blindheit auf der einen und Verstellung auf der andern Seite; allmählig trägt der schönblühende Freund giftige Früchte, und dann fliehen wir ihn freilich.

Bei dem Jüngling, der sich an einen neuesten Lehrer hängt, ist's ein Zeichen der Schwäche; des Greis(es), ders tut, ein Zeichen der Stärke.

Weiber sind weder Realisten noch Idealisten, sondern verbinden beides.

Anfangs treiben sie das Haushalten des Geliebten wegen, dann des Haushaltens wegen.

Nichts ist gefährlicher als eine unvollendete Versöhnung, sie erschwert die vollendete mehr als keine.

Die Menschen sind nie schlaffer, als wenn sie sich oder andere trösten; ihr absichtlich kahles Gemenge von Widersprüchen.

›Unter den Männern sind die meisten gemein, nur jede Frau hat etwas Eigenes‹ – Die Frau hingegen sagt wieder dasselbe von den Männern.

Nicht durch Angreifen, sondern durch Behaupten zeigt man die eigne Kraft und Individualität am besten. Bei jenem muß man sich zu sehr nach den andern richten und verliert bei Sieg und Niederlage.

Die Stöße, die uns der Wagen des Schicksals gibt, lassen unser Inneres noch in Ruhe und Gleichmut. Aber Wunden, die uns der Mensch, seine Meinung und Betragen gegen uns gibt, wirren in uns alles durcheinander. Das Ich fühlt sich von seinesgleichen erschüttert.

An einem Glück oder Unglück ist man nie schuld, aber am wiederkehrenden.

Zerstreute Gedanken lieset man wieder zerstreuet und blättert in ihnen herum.

Je kürzer solche sind, desto noch kürzer will man sie haben; und Längen, die uns in andern Büchern Kürzen wären, sind uns zu große.

Der Mensch findet nichts dagegen, daß in der Vergangenheit immer eine Veränderung der Gesetze und Staaten nach der andern kommt – nur in der Gegenwart will er nicht daran.

Jedes uns erzählte Menschenleben hat etwas Erbärmliches, Eingeschränktes. Wir wundern uns, als müss ein gehörtes anders sein als ein geführtes.

Je mehr man getrunken, desto mehr lobt man den Wirt und sein Bier.

Vollendete Rechtschaffenheit ist fast Genialität (erhebt ohnehin über jede Gemeinschaft) oder doch ein Ersatz derselben.

Die Ordnung wie der Geiz keine Grenzen.

So viele fingen mit der Liebe an, mit der sie wirken wollten, und mußten aufhören mit der Furcht, die sie gaben.

Viele Tugenden des Alters sind nur Folgen gestillter Wünsche und verengter oder erweiterter Schranken.

Wer einen nur zum Werkzeug gebraucht, sei sicher, daß ihn dieser auch nur dazu brauche.

Der Mensch hat mehr Scham über einen scheinbaren (unwirklichen) Fehler, den der andere ihm vorwirft, als über einen wahren, den man sich selber endlich eingesteht.

Im Alter ist einem der Nutzen des Ruhms lieber als der Ruhm.

Aus der bloßen Begierde zu gefallen ist der weibliche Sinn für Kleidung und Schönheit nicht abzuleiten, der Mann hat jene ohne diesen.

Der Eitle ließe in der Minute seine Stellung, Kleidung weg, wo er wüßte, daß man sie als Eitelkeit bemerkte.

Wenn man über etwas spricht oder schreibt, sieht man, daß man mehr weiß, *als man dachte*.

Ordnung und Unordnung kann man lernen, es ist Gewohnheit.

Die französischen, gallischen Irrtümer über Gott, Uneigennützigkeit, Unsterblichkeit etc. müßten unglücklich machen, wenn sie nicht das Schicksal aller Ideen, auch der Wahrheiten teilten, wenig gegen Gefühle zu wirken.

Die größere Kraft gegen Verleumdung zeigt man, nicht wenn man sie verachtet, sondern nicht zu hören sucht, wenn man's haben könnte.

Eine lange Zeit lernt man darum die Menschen nicht kennen, weil man sie überall für besser hält als sich.

In großen Städten vergisset man den eignen Tod so leicht und kalt wie den fremden.

Die Menschen wollen einen niederdrücken, und dann wollen sie ihm erst Gutes tun – aber nie, ihn erheben und dann bekränzen.

Das Lob darf man nicht hinter dem Rücken des Gegenstands ändern, aber den Tadel.

Wenn der Mensch etwas Edles am andern findet, so träumt er ihm gleich sein eignes Edle gar an.

Auch der reiche Autor stiehlt oft, weil er denkt, er hätt es ebensogut erfinden können, und der andere denk auch das.

Nichts zeigt die Menschen falscher und schöner als d(ie) Leiden; im Glück werfen sie die Schleier weg.

Die Besonnenheit richtet sich nach dem geistigen Reichtum d(es) Menschen.

Wer wahr sein *will*, ist's schon nicht ganz mehr, er muß es gar nicht wissen.

Mädgen denken besser als die Frauen, aber auch Jünglinge besser als die Männer.

Wir müssen Hoffnung haben, um die Gegenwart zu genießen. Wir wollen lieber eine schlimme Gegenwart mit schöner Aussicht als umgekehrt.

Man ist zu oft bescheiden und denkt nicht daran, wie oft ein eignes Wort als ein Menschen Wort lange über unsere Meinungen hinaus fortwirke. Man betrachte immer, wie stark der Redende – wie schwach (jung, eingenommen) der Hörende sei.

Ein Weiberfeind ist auch ein Menschenfeind.

Um nicht veränderlich zu scheinen, muß man nur seine Entschlüsse so lange verschweigen, bis man einen davon ausführt.

Viele glauben bloß darum an die Schwachheiten (Niederlagen) des Weibs nicht, weil sie sie zu unmoralisch halten.

Nach einer kühnen Tat muß man fort kühn sein, sonst geht man unter.

Menschenhaß und Härte verträgt sich mit weich(em) liebend(en) Gefühl.

Die Bischöfe etc. (Clerus) des Mittelalters ließen sich so leicht wie Höfe jetzt, ihre Verderblichkeit verlachen; aber es war nicht Toleranz, sondern vollend(ete) Verderbnis.

In der Ehe gibt's keine größern Fehler als die wiederkommenden.

Man kann sehr ehren-fein sein und doch keine Ehre haben.

Um zu sehen, welche Fehler deine Braut als Frau am meisten haben wird, gib auf den Tadel der Eltern gegen sie acht, der sie nennen wird.

Warum halten sich die Menschen für scharfsichtiger, wenn sie das geheime Böse entdecken, als das geheime Gute?

Der Mutige erschrickt *nach* der Gefahr, der Furchtsame *vor* ihr, der Feigste *in* ihr.

Je älter man wird, desto gesünder, glaubt man, wolle (werde) man sich immer machen, da man doch nur Krankheiten entgegenlebt.

Es gibt feige Nachsprecher an Höfen und in der Literatur, durch die man die stillen Meinungen ihrer Herren errät.

Im Alter liebt man Personalien, in der Jugend Realien.

In der moralischen Welt verbreitet sich *Licht* langsamer *als Wärme*; anders als in der physischen.

Wenn der Major ein Oberst wird, wundert er sich bloß, daß er etwas anders zu tun hat; an die Charge dacht er gar nicht, nur an die Pension.

Die Aufklärung, Licht etc. wirkt bei Fürsten und einzelnen Menschen immer wohltätig für Moralität, wenn sie eben ankommt – sieh katholische Länder – aber dauert die Einsicht, Klugheit etc. lange, wird sie gerade zu einem Werkzeug der Immoralität verbraucht.

Ein Gelehrter gilt so lange für unfehlbar, bis er vor uns den ersten Irrtum begangen und nachgeben müssen; dann tritt man ihm ohne Gnade keck entgegen.

Die Weiber wissen an uns mehr das Individ(uum), wir an ihnen das Geschlecht zu behandeln.

An gewissen verstellten Menschen ist nichts so unerträglich als ihre halb un- und halb willkürliche Herzlichkeit.

Um zu wissen, wie gut oder schlimm eine Nation (deutsche) von sich denkt, muß man nicht auf das Schlimme hören, das sie von sich, sondern auf das, das sie von fremden Nationen sagt.

Bemerkungen über den Menschen

Febr. 1803

5. Band

Ein Autor wird am dunkelsten, wenn er Sätze sagt, die er 1000mal dachte und die, in seinem Innern lang erzogen, er nicht erst auf dem Pulte erfand, wo er sie gab. Andere entwickeln sich und dem Leser zugleich die Sache.

Die Bücher machen nicht gut oder schlecht, nur besser oder schlechter.

Schlechte Autoren sollte man *vor*, gute *nach* ihren Büchern kennenlernen, um jenen die Bücher zu vergeben, und diese den Büchern.

Die Kinder sagen unzählige zarte Gefühle heraus, die die Erwachsenen auch haben, aber nicht sagen.

Was die Kraft-Menschen so wild gegen ihre Gegner macht – Herder, Fichte – ist, daß sie nie mit ihresgleichen kriegen müssen, sondern mit den untergeordneten.

Der Mensch schenkt am leichtesten nach dem Schenken.

Die zu gewissenhaften Autoren, die nichts wagen, haben den fast nicht bescheidnen Glauben, daß ihnen kein zweiter Autor entgegenarbeiten daß man ihnen aufs Wort glaube – dem Schreiber wie dem Sprecher steht stets ein anderer entgegen.

Wenn man nur einmal recht ins Bewundern hineingekommen – Moritz gegen Goethe – so gewinnt man so viel, als sei man selber der Gegenstand und mehr und reiner, weil man seine höchste Idee nun außer sich realisiert antrifft.

Wer bloß bürgerliche Steigerungen seines Glücks hat, muß immer größ(eres) wünschen; der Dichter etc. hat gleich das unendliche Glück vor sich.

Niemand glaubt leichter, in der Philosophie etwas verstanden zu haben – etwas sehr Schweres nämlich – als die Weiber.

Die Weiber wollen zu erziehen anfangen, wenn schon alles verzogen ist.

Weltumgang gibt nicht Erfahrung, höchstens diese jenen.

Die kleine Stadt sagt von der kleineren, sie sei noch nicht so verdorben – und so Tugend immer im Verhältnis der Kleinheit.

Wer ein rechtes Ideal, das er ins Leben ziehen will, im Geiste hegt, ist gegen d(as) Gift der Mode geschirmt, wie Schwangere gegen ansteckende Krankheiten.

Feststehende philosophische Worte sind gefährlich – man bringt sein ganzes Anschauungssystem darunter – und dann versteht man fremde Worte nicht, die man sonst verstände.

Wer sagt, er verachte, fängt's kaum an und hasset noch.

Wo die Menschen an Verstand übertroffen werden, glauben sie, es sei nur an Wissenschaft.

Weiber fragen soviel nach Sentenzen, weil sie kein System haben.

Der gute Mensch sogar drückt seine guten Maximen noch schärfer aus, als er sie übt.

Das Unglück der Weiber ist, daß sie nicht imstande sind, Männer so keck zu verachten als Weiber.

Wenn die Verleumdung oder das Gerücht schon das Unschuldigste falsch auslegt: wie schlimm (verdreht) muß sie erst sorglose Handlungen der Menschen, die sich absichtlich um keinen Schein bekümmern, ja gegen den Schein leben, aufnehmen und zusammensetzen. Glaube, Sorgloser, sie wird noch etwas Schlimmeres daraus machen als du scheinen wolltest.

Glückliche Mädgen in der Ehe lieben schon Romane nicht mehr, weil sie nichts mehr auf sich beziehen können.

Eine Handlung ist fast eher durch eine entgegengesetzte aufzuheben als ein Wort durch ein Wort, wovon man das erste wieder für eine Handlung erst ausgeben muß.

Gelehrsamkeit auch darum so imponierend, weil man sie sich nicht durch eine willkürliche Anstrengung ersetzen (verschaffen) kann als das Gefühl, Genieblick usw.

Ein Dichter hat zwar die schnellsten Irrtümer, aber auch dafür die schnellsten Bekehrungen. Andere haben keinen Standort, um ihre Fehler zu übersehen, die sich von einem Tal ins andere verlieren.

Ein Schmeichler ist's selten aus bloßem Eigennutz, sondern aus Charakter; denn er schmeichelt Niedrigen wie Hohen.

Die Fürsten und alle Menschen lieben es weit mehr, wenn man etwas aus persönlicher als allgemeiner Rücksicht für sie tut, weil das Allgemeine leicht ebensogut ihr Feind werden kann.

Eigne Anmerkungen findet man zum Aufzeichnen oft bloß darum zu unbedeutend, weil man sie durch langes Herumtragen und Handeln darnach sich selber gemein gemacht.

Daß sich die Männer wundern über weibliche Niederlage, ist ein Lob für die Weiber; diese wundern sich nicht über den Angriff, ein Tadel für uns.

Man gebe manchem Selbstvertrauen, so ist er ein Weltmann.

Die Menschen widerlegen einander ewig nur Irrtümer, die der Gegner nicht behauptet.

Alle Menschen suchten die Wahrheit, wenn sie nur gewiß wüßten, daß sie sie fänden – z. B. in einem von einem Engel geschriebnen Buch.

Erstlich zur Seltenheit muß man sich machen, und damit man es bleibe in der Gesellschaft, zuweilen hintereinander keine Seltenheit sein.

Viele Handlungskühnheiten (z. B. Konferenz) kommen uns nur kühn und schwer vor, weil wir in der Ruhe sind, wie schlechtes Wetter unerträglich, wenn man aus der warmen Stube hinaussieht – ist man draußen, fragt man nichts darnach, weil man die Rüstung entgegensetzt.

In der Ehe ist es schädlich, wenn man, wegen Zank, sich seine Liebe, die man doch hat, zu äußern schämt, wie gegen Eltern.

Gerade die Menschen, die nicht verstanden werden, sprechen nicht gern davon oder doch traurig – hingegen die Jugend prahlt damit.

Bedeutende Menschen, die uns aber böse geschildert worden, nehmen uns, da wir ihnen stets ein unmoralisches Äußeres dazu liehen, stets bei der ersten Bekanntschaft ein wenig ein.

Oft gehört nichts dazu, den Ehemann zu stillen, der 100 Fehler vorwirft, als sie alle rein-denkend zuzugestehen.

Man liebt am schönsten und reinsten die Wesen, die nicht wiederlieben, Hunde, Kinder; Geliebte, von denen man nichts fodern kann.

Jede gute Neigung wirkt stärker, wenn sie sich durch Tun, als wenn [sie] sich durch Meiden zeigen muß.

Gerade der Freie sucht den Schein der Freiheit am wenigsten.

Die meisten achten sich nicht eher, als bis andere sie achten.

Kein Autor hört so gern das Lob eines fremden Autors als der, der ihn nachahmt.

Wer nicht sucht, wird bald nicht mehr gesucht.

Der rechte Charakter ist nicht mit Standhaftigkeit anfangen und nach den Umständen sich zu fügen – sondern wie die Römer, in jeder Verschlimmerung nicht um einen Fußbreit zu weichen.

Zur Lebensart gehört, daß man auch gegen sich höflich sei.

Nicht Dicke, aber 1 Fuß Länge mehr gibt immer ein Übergewicht des Ansehens.

Fremde sehen Eheweiber in Rücksicht des Gatten so falsch-verschönernd an wie Liebhaber die Mädgen.

Eine kurze Enthaltsamkeit ist schwerer als eine lange. Besser, von Sachen als von Menschen abzuhängen.

Nur in der höchsten Gleichgültigkeit oder höchsten Wärme (Hasse) kann man sich über Menschen irren; in beiden bemerkt man zu wenig.

Man vergibt ungern dem Demütigen ein gerechtes höheres Gefühl bei seinem Glückswechsel.

Die Eitelkeit nur hassenswert, wenn sie große Gegenstände zu ihrem Dienst mißbraucht, das Große um ihrentwillen affektiert; mit Kleinem darf man eitel sein, mit einer Schnalle, nicht mit einer großen Empfindung oder mit Mangel an Eitelkeit; daher man sie kleinen Menschen eher vergibt.

Das Individuelle entscheidet überall. Wie wenig kann jeder vom besten Helden brauchen! – Der Dichter gibt überall nur sittliche Momente, die jeder anwende!

Seltner und schwerer streitet man, um den andern zu bessern, als um die Wahrheit zu befriedigen (daher das Feindliche), als ob man nicht durch jenes sie am meisten befriedigte.

Alle weiche gegen Fremde nachgebende Menschen suchen sich eine Lüge ihrer Selbständigkeit durch Härte gegen die Ihrigen weiszumachen.

Wo viel Ehrgefühl, da ist viel Ehrgeiz; aber gar nicht umgekehrt.

Die kühnsten Autoren im Urteil über andere oder über Wissenschaften sind junge, die dadurch Autorität zu erlangen hoffen; da die alten dadurch ihre zu verscherzen fürchten.

Nirgends noch Vaterlandsliebe als bei gemeinen Leuten.

Der Mensch wird wie der Stahl hart – durch öfteres Abkühlen nach Erhitzung.

Der Mensch nimmt es schon übel (im ersten Anstoß), wenn man ihm überhaupt etwas übelnimmt.

Manche handeln poetischer als sie schreiben.

Man glaubt es gar nicht für möglich – daher die Zuversicht –, daß man etwas vergessen werde, wenn man sich dess(elben) eben erinnert.

Wenn die Mädgen früher in der Liebe Gründe anzunehmen scheinen: so handeln sie doch nur aus Liebe gegen den Gegenstand, der sie gibt, nicht aus Überzeugung – Ohne Liebe keine Gründe.

Man scheuet sich, dem jungen Kind den lateinischen Namen eines Tiers zu sagen, als wär ihm der erste deutsche Name nicht ebenso fremd.

Man kann vom Menschen Geschlechte zu schlecht denken und doch vom *einzelnen* immer zu gut.

Vielleicht wirft sich niemand mehr Schwäche vor als ein starker Mensch.

Die feinste Aufgabe im tätigen Leben ist die, ob man einer Sache zuvor-, oder erst nachzukommen habe.

Eine Frau läßt Geld herumliegen, nicht Kaffee.

Der, der einen Rat begehrt, hat meistens – schon durch die Zeit – eine Sache von allen Seiten beschauet; der Ratgeber von der ersten, die vortrat, da man ihn fragte. Und doch muß man fragen, um eben alle Seiten durch mehre(re) Augen kennenzulernen.

Der erste Bettler nach einer Feuersbrunst bekommt am meisten.

Weiber schildern gern dem Arzte alle Symptomen recht stark, als ob er dadurch besser kurierte oder lieber.

Man muß nie einen Tadel in ein Schimpf- oder Entscheidungswort kleiden, weil ein Wort – z. B. Schurke – den ganzen Menschen umfaßt und ein Leben abspricht, da der Mensch sich doch so vieler besserer Ziele bewußt ist und überhaupt, weil hier der Prozeß mit der Exekution angefangen und der Beweis vorausgesetzt wird, der erst bei dem Menschen zu führen ist. So muß man nie sagen: ich habe dir etwas Unangenehmes zu sagen, weil dieses die ganze Welt des Jammers umfaßt, von der uns doch nur *eine* glühende Kohle gegeben wird.

Gegen den Egoismus – zumal den feinsten – gibt es nun kein Mittel weiter als – Republik, Anteil an allem.

Wer irgendeine von diesen Bemerkungen weder in seinem Leben noch die Antizipation in seiner Seele hat: findet sie bloß *leer* oder nichts. Etwas anderes ist, wenn einer eine *falsch* findet.

Wenn sich ein großer Kopf euch zu unbedeutend darstellt: so glaubt nur, daß ers ist, weil er euch dafür hält.

Wer die Menschen nicht mehr liebt, findet wieder Liebe und Interesse an einem, der leidet. Der Schmerz führt uns die alte Liebe des ganzen Geschlechts zurück.

Die Begierde nach Geld kann sich sogar in einer edeln Seele entschuldigen – um nämlich von Menschen (nicht bloß von Sachen) frei zu bleiben, um gegen jene niederwerfende Ungleichheit eine Stütze zu haben.

Unter allen Arten von Liebe, die der Mensch hat – Eigen-, Kinder-, Menschen-Liebe – ist keine so schwach als die Wahrheitsliebe, für die er nicht einmal kleine Wunden der Eitelkeit sich gefallenläßt.

Wenn man in sich eine Veränderung gegen Irrtümer der vorigen Zeit bemerkt: so hält man sich nicht für irrfähiger darum, sondern jetzt für kräftiger, als ob die Vergangenheit nicht der Zukunft drohe.

Die Schwachheit (das Nachgeben, Verändern) der Männer macht die Weiber listig.

Man kann vieles als so scharfe Axiomen sagen, wodurch durch ein Leben gehandelt worden und werden soll, wenns recht geht, und welche unmöglich gerade bei Anlaß des Gesprächs können erfunden sein und werden – und die es doch sind.

Durch übertriebnes Lob (aus wahrem Herzen) wird niemals vor dem Gegenstand übertriebner Tadel (aus wahrem Herzen) gut und süß gemacht.

Alles ist eher in einem Staate ins Reine und Vollkommene zu bringen, Ausübung der Justiz – Rechte – Kammer –; nur die Besetzung der Stellen, zumal der hohen, offenbart sich als Fleck jedes Staats.

Nicht Mangel an Ideen – denn man hat immer welche –, sondern an neuen macht Langweile.

Man (ein Mann) kann zu leicht Anmerkungen, die auf die Menschheit passen, auf die Weiber allein machen und beziehen, weil diese mehr außer uns gehören und wir sie anschauen, die Männer aber in uns.

Der Wegreisende glaubt stets, weiter zu sein als der Dableibende.

Ach, aller Zank und Haß wäre geschlossen, wenn man sich bei dem Beleidiger mehr hell dächte, was er *sich* ist, als was er *uns* ist; wie er seinen Wert behauptet, wenn er irrend unsern bekriegt. Der Ehemann muß sich der Liebe seiner Frau gegen ihn erinnern, aber nicht als Liebe gegen ihn, sondern als Zeichen ihres Werts.

Nicht sowohl der Verstand kommt nicht vor den Jahren als die rechte geistige DenkFreiheit.

Derselbe Mann, der uns anfangs mit seinem Nachsprechen unserer Ideen Freude macht, wird uns in schwierigen Fällen lästig und verhaßt, wo er unserer Furcht nicht widerspricht und uns keinen Rat erteilt oder keine Hoffnung.

Mangel an Verschwiegenheit entsteht meistens aus Mangel an Redestoff.

Die Worte des Ehemanns wirken höchstens auf die Ehefrau, wenn er sie einer fremden vorsagt.

Das Altertum schrieb reiche, große, edle Worte auf – die Neuen mehr witzige. – Die jetzigen moralischen Anekdoten zeichnen mehr die Menschenliebe; die alten die Tapferkeit und jede Größe. Wir können überhaupt jetzt leichter einen Historiker als einen Plutarch ernähren.

Ein Mann hält die Bücher rein, nicht die Westen, Weiber umgekehrt etc.

Nicht die Frau, die Kinder binden den wagenden Mut, weil wohl jene mit uns tragen kann, da sie sich mit uns entschließt, diese aber noch keine Kräfte zum Entschließen und Tragen haben.

Menschen von einigem Talent (wie Erhard) haben sich so sehr mit den gestickten Gewändern des Jahrhunderts umhangen, so viel Fremdes, was schön ist, umlegt ihr Eignes, das auch schön ist, daß man kaum zum eigentlichen Wesen durchdringen kann. Nehmt ihnen die Zeit ab: wie wenig sind sie von denen verschieden, auf die sie herabsehen! – Es sollte eine Abschälungstheorie geben, um den, der viel von der Zeit geborgt, doch nicht über den zu setzen, der wenig geborgt.

Eine Stadt imponiert anfangs, als wären ihre großen Häuser und Gassen *eine* Masse zum Befehlen – bis man endlich sieht (und zu ihr gehört), daß alles sich wie im Dorfe in Einzelne zerteilt.

Keinen Titel zu haben schadet oft darum bei Bekannten, weil sie nicht mit unserer Freundschaft prahlen können.

Nicht die Jünglinge sollten so oft klagen, daß sie einsam wären, keine verwandte Seele fänden – sie meinen nur eine weibliche –, sondern die Männer und Alten sind und werden einsam – niemand ist einsamer als ein Mann, es müßte denn ein Greis sein. Der Jüngling hat sich noch nicht in sich abgeschlossen und lässet sich von jeder Windseite bilden, beugen und Blumenstaub zublasen; hingegen der Mann hat sich gegen Männer, Welt gegen Welt fest gegründet, und sie können nicht mehr *an*einanderlaufen.

Lust und Not – durch beides zugleich ist freilich jedes Weib zu gewinnen.

Die Urteile der Männer über Menschen wägen den Gehalt bloß ab, um Kenntnis zu haben; die der Weiber über Menschen, um zu lieben oder zu hassen; daher jene vielseitiger sind.

Leichter heiratet ein Mann eine Frau aus niederem Stande hinauf als eine aus höherem herab; die Hof-(Stadt-)kunst ist bald gelernt, aber nicht so die Küchen- und Haushaltungskunst, sogar bei der Lehre des Vaters.

In Gesellschaft macht der Witz eine Lücke und Finsternis durch Blenden; hingegen Laune ergötzt in einem fort.

Gäb es nur *eine* höhere Gattung Tiere: schwerlich würden wir sie martern; so sehr nimmt uns die herabsteigende Stufenfolge oder d(ie) Grenzenlos(igkeit) den Maßstab.

Ich kenne sehr geschmackvolle Leute, welche die langweiligsten Gesellschafter sind, weil sie immer nur zu fühlen und zu schmecken gewohnt sind und andern folglich nichts zu fühlen und zu schmecken geben.

Jeder Freund hält es für den größten Genuß, dem andern die Wahrheit zu sagen – am Hören findet keiner einen sonderlichen.

Die Einschaltung des Mannes in die Staats-Fachwerke gewöhnt die nachfühlende Frau an eine ähnliche Einschaltung ins Ehe-Fach. Ein freier Dichter hingegen hat es schwerer, zu seiner Frau zu sagen: »bedenke!«-

Es ist schlimm, daß man vor lauter heißerer Liebe zu Freunden ihnen gerade das Bestimmteste über ihre *ganze* Lage zu sagen wagt.

Keine Frau könnte durch das Ankleiden so viel gewinnen als sie verliert, wenn man ihr dabei zusieht.

Die einfachsten Menschen hör ich die feinsten Vermutungen äußern, wenn der Schritt etc. eines Gesandten, Ministers politisch zu erklären ist.

Einer kann stets sein Wort halten, seine Vorsätze ausführen und doch veränderlich sein; er führt nämlich nur die gesagten aus; aber in den gedachten ist er veränderlich; und niemand weiß es.

Man muß, um einen Menschen zart und fein zu behandeln, nicht bloß nach der hohen Achtung messen, die man für ihn hat, sondern auch die (vielleicht irrige) Achtung erraten, die er für uns hegt und nach deren Größe ihn unsere Vernachlässigungen schmerzen.

Es gibt gewiß bloß darum vieler glücklichen Ehen mehr, weil der Mann nicht mit zu erziehen suchte.

Ein Lehrer, Hausvater ärgert sich gerade über die wiederkommenden Fehler am meisten, da ers als über in der Natur gegründete am wenigsten sollte.

Nirgends ist mehr Kriegsenthusiasmus als in der Hauptstadt, weil nie oder selten der Krieg dahin kommt. Eine Provinzialstadt voll Kriegslust wäre etwas Höheres.

Man tadelt den eignen Hund, der an jedem Fremdling aufhüpft, liebt es aber, wenn es uns geschieht; so hassen wir unsern Schmeichler nicht so sehr als einen fremden.

Durch Tadel wird man öfter mehr vorsichtig und klug als besser.

D(er) Treulose macht Treulose; wer kein Wort hält, findet keinen Worthalter mehr.

Wenn man in Gesellschaft ein lobendes Urteil fällt, darf man es in starke Ausdrücke zusammenfassen. Hingegen bei einem Tadel muß man nur die *Gründe*, keine *Benennungen* sagen, 1) weil man dem fremden Urteil vorgreift 2) weil der andere leicht an unsern frohen, aber nicht [an] zornigen Ausbrüchen Anteil nimmt 3) weil der Gegenstand des Tadels nicht Gründe, nur Namen rächt. Man darf sagen: A. ist ein Engel! – nie aber: A. ist ein Teufel!

Ein Mann wie Voltaire taugt(e) zu keinem ewigen Hofmann, weil seine Kraft die Ebene und Leichtigkeit der Geselligkeit unterbrach.

Durch Trinken vor der Ehe gewöhnt der Mann die Geliebte an übermäßige Liebeszeichen; in ihr hat es entgegengesetzte Folgen.

Weiber hassen an Weibern, nicht an Männern Eitelkeit und Stolz.

Fiel einer einmal in den Verdacht der Eitelkeit: so wickelt er sich nicht mehr daraus heraus, er handele, wie er will.

Die Toleranz ist leichter gegen den, der schlecht handelt und sich dafür hält, als gegen den, der gemein egoistisch etc. handelt und sich für edel nimmt.

Durch übermäßiges Lob wird der Autor nicht für übermäßigen Tadel entschädigt. Jenes nimmt das halbe Vergnügen (und gibt *weniger* als gerechtes Lob) durch die Unvollkommenheit des Lobredners und durch die Erinnerung an die gelobten Vorzüge, deren man eben entbehrt. Überm(äßiger) Tadel verwundet 1) durch Nachsprechen 2) fremde Unvollkommenheit 3) eigne Geneigtheit, ihm zu glauben 4) Gefühl der Beleidigung.

Man muß nie dem einen leidenschaftlichen Ausbruch zeigen, der dessen Ursache nicht kennt.

Ein berühmter Mann schreibe ein Buch *mit* Gründen, z. B. gegen den Eid – man vergißt, zitiert, widerlegt das Buch – aber er lasse in einem ganz davon fremden Werke, z. B. wie Lessing, Schiller etc. ein Wort dagegen fallen *ohne* Gründe: man zitiert ihn als Autorität.

Dies ist die Probe, wie hoch man einen andern Menschen stelle und liebe, *inwieweit* man von ihm in Rücksicht der Glücksgüter abhängig sein will. Nur dies Gefühl entscheidet über die Ansicht fremden Gehalts.

Darum, weil es eine erste Liebe gibt – und Flitterwochen – und Ideal der Jugend und Kindesliebe: so gibt es auch erste Freundschaft; aber der Gegenstand ist nicht sein Wert.

Kein Mensch nennt sich dümmer als den andern; kein Zeitalter nennt ein voriges klüger, sich bloß schlimmer und klüger.

Nicht nur zu einem Lügner – oder zu einem Spieler – gehört Gedächtnis, sondern besonders zu einem Weltmann und Gesellschafter.

Man fühlt in sich zweierlei Tugenden 1) moralische Anlagen (Tendenzen), welche man (dies ist man sich bewußt) in allen andern Verhältnissen und Umgebungen erhalten und bewahrt hätte – 2) gewonnene, gleichsam klimatische Sittlichkeit, für deren Bestand in ganz anderem Boden der Erziehung etc. uns unser Gefühl nichts verbürgen will.

Man denkt sich fremden Haß gegen uns viel heller und ergreifender als das fremde Lieben. Besonders stellt man sich in der Ehe jenen heller vor als dieses.

Man bereuet mehr die Feigheit als die Kühnheit des Handelns, insofern jede von beiden echt gewesen.

Warum hängt auch dem redlichst-liebenden Mann, der sein Seelenglück in einer weiblichen Seele gefunden, noch etwas von dem Bestreben an, auch eine zweite ebenso edle Seele für sich zu haben, als obs nicht an *einer* genug wäre? –

Die größte Schlechtigkeit der Menschen hab ich in Predigten gefunden – nicht über jene, sondern an diesen. In Kant, Fichte, Schelling find ich nichts, als was rein stärkt oder erhebt oder begeistert.

Bücher und Anstalten etc. wirken zwar wenig auf einzelne Menschen, aber dadurch, daß sie zur Sitte arten, auf Völker.

Die Weiber halten Bücher nicht viel reinlicher als wir Schals etc.

Man muß seine Frau lieben – oder seinen Mann – wie die Kinder; man findet bessere und schönere; aber man vertauscht doch nicht. Man schlägt die Kinder und verläßt sie doch nicht.

Man idealisiert jeden, den man zum ersten Male sieht – entweder auf- oder abwärts.

Nie sollte der Mann zärter gegen die Frau sein als nach einem Geschenk, um ihr jetzt das Gefühl der Verbindlichkeit zu erleichtern.

Entweder das Neueste oder das Älteste (aus der Jugend) gefällt auf Reisen. Am Ende gibts kein Neuestes mehr, aber das Älteste wird älter.

Bei weiblichen Gesprächen hört man von weitem ewig(es) Lachen.

Ich habe wohl eine männliche Gesellschaft *nach*einander reden hören, aber keine weibliche.

Der bessere Sonntagsanzug gibt bei dem Volke der Kirche Heiligkeit und predigt früher als der Mantel des Pfarrers.

Oft besteht die größ(ere) Kraft eines Mannes weniger darin, wie er ein Amt verwaltet, als wie [er] in dasselbe gelangte.

Man läßt in (nach) langen Disputationen so gern die Beisätze und Sätze des andern gelten, wenn unsere vorher gegolten.

Bei dem weiblichen Geschlecht wöchentlich wenigstens 1 Tag des Neids, der h[eilige], der Sonntag.

Sosehr man über die Unfähigkeit der Weiber lärmt, mehr bloßen Verstand zu verstehen, als Gefühle nachzufühlen: so ärgert man sich doch wieder – wenn man ihnen eben diese Bemerkung gesagt – , daß die Hoffnung der Besserung nicht eintrifft, die sich ja nur auf das Gegenteil der Bemerkung gründet.

Jeder, der Unsterblichkeit auf *seinem* Wege errang, begreift nicht die Anstrengungen eines andern, z. B. Bonaparte, der sie auf einem *andern* sucht, und tadelt die Anstrengung.

Der Geizige ist eine beinah poetische Besonnenheit der Gegenwart; er sieht alles, wenn auch zu anderm Zweck als der Naturforscher und Dichter.

Der Ehemann sollte bei allen Tadlungen und Befehlen an seine Frau vorzüglich bedenken, daß ihr, da sie sich untergeordnet und unterwürfig dem Recht oder der Gewalt fühlt, alles viel härter vorkomme.

Wie anders ist die Bewunderung im 20. und die im 40. Jahre! Jene nimmt man oft zurück, und sogar bei dem höchsten Grade hat man noch eine geheime Hoffnung, den Gegenstand zu erreichen. Wen ich aber jetzt bewundere, hoff ich nie zu erreichen und bewundere ihn desto mehr.

Die rechte unwillkürliche Originalität ärgert sich, daß nicht jeder ist wie sie –, die scheinbare will gar nicht, daß andere sind wie sie.

Man kann ziemlich seinen eignen innern Menschen – den moralischen, sogar den intellektuellen – kennen; aber [nicht] das Ensemble unsers äußern, den Eindruck, den unser ganzes Reden und Erschein(en) auf andere macht.

Auch die größten Menschen, die uns jetzt mit ihrer Kühnheit und Gleichgültigkeit gegen Urteile ergreifen, waren als Jünglinge furchtsam – man kommt nur allmählich zu Mut *gegen* und *über* Urteile hinaus.

Wenn von 2 Menschen der eine [ich] zum andern [Cloeter] sagt: wir verstehen uns nicht: so hat er sich eben verstanden.

Die Ärzte haben auch darum weniger Schein des Mitleids, weil sie Anschläge des Helfens haben; die Trostlosigkeit, nicht helfen zu können, hat keinen Trost als den zu weinen.

Eheweiber nehmen (vom Manne) wohl eine Belehrung, eine Voraussagung an, nie eine Widerlegung.

Zwei Irrtümer setzen unsere Handlungen für (vor) den andern in falsches Licht. 1) Je mehr wir unser Ich und den rächenden Stolz desselben genießen und zeigen, desto mehr glauben wir, unsere Freude erzeuge die fremde. 2) Je weher uns Nachgeben und Zuvorkommen tut, desto weniger setzen wir voraus, daß es den andern oder den Feind um so mehr gewinne und befriedige, und wir glauben nicht, daß unserem Gefühle gerade das entgegengesetzte antworte.

Man fürchtet den Gerechten, noch mehr den Ungerechten.

Fast alle Menschen sind gut, wenn man ihnen die Qual des Bedürfnisses, der Verhältnisse, oder der Not wegnimmt. Sie wollen alle das Beste, ohne die Kraft, es zu holen.

Ein anderes ist, wenn ein Mensch das Geld häuft, um etwas zu brauchen – ein anderes, wenn er's häuft, um es noch höher zu häufen; denn hier beginnt der Geiz; das Aufhäufen hat keine Grenze, da es selber das Ziel ist.

Es ist nicht Stolz, daß der Negersklave gegen seine Frau so herrisch ist oder jeder Oberbediente gegen den Unterbedienten – Wut und Zorn ist's gegen die höhere Ungerechtigkeit und Ungleichheit.

– Der Kutscher und Jäger peitschet seine Tiere am meisten, wenn er ausgescholten worden – so die Mutter die Kinder.

Es ist physisch viel leichter, eine Nonne zu sein als ein Mönch; moralisch viel schwerer.

Nichts ist unbegreiflicher als die Ursache, warum dasselbe Weib – zu verschiednen Zeiten – so viel versagt und gewährt.

Weswegen jetzt die Ehen unglücklicher sind gegen sonst, ist, weil die mehr empfindsamen Männer die Frauen mehr zur Empfindung aufregen, die dann nach ihrer Ungemessenheit ins Unendliche geht. Sonst zeigte ein Mann seine Empfindung durch Tat im Leben; und da war es vorbei; jetzt fodert ein Wort das andere.

Der edlere Mensch verschlimmert sich mehr durch das Unterlassen guter Menschen (Freunde) als das Unternehmen böser.

Auch in der Ehe etc. gilt's, ein Wort ist giftig-durchgreifender als eine Tat, weil diese viel-, jenes nur eindeutig ist. Jene offenbart nur den Augenblick, dieses das Herz. Es gibt in der Ehe etc. Worte, die man zu entschuldigen nicht braucht, aber auch nie vermag und denen [man] nichts vorwerfen kann als ihr Dasein. Doch die rechten eigentlichen Donnerworte sind nicht die in Leidenschaft – dann gehören [sie] ja zur Tat selber –, sondern die in der Ruhe und Unbefangenheit gesagten.

Je älter man wird, desto mehr schätzt man Ordnung.

So treulos auch die *Frauen* gegen *Männer* scheinen, so sind sie es doch mehr gegen *Frauen*. – Keine ist gegen die andre ehrlich (auf Kosten der Männer und ihrer). – Kurz, sie wissen doch zu schweigen.

Eine Gattin verzeiht leichter Untreue und Freude an fremden Reizen, als Kälte gegen ihre.

Man erzürnt sich immer mehr gegen einen, für den man erst den Zorn einige Zeit aufheben muß – und genade ihm dann Gott!

Ich begreife, wie man ein Tyrann sein kann; aber nicht, wie man einer einen ganzen Tag lange sein kann.

Das Unrecht, das dir geschieht, treibe rächend ab, aber nicht als Individuum, sondern als Menschheit; diese soll sich nichts gefallen lassen.

In der Politik errät sogar das Publikum stets das Listige und Feine; nur das Große und Reine allein ist dazu gemacht, nicht geahnet zu werden.

So lange man lieset, besinnt man sich auf all(es), nur nicht auf *sich.*

Man sollte niemand über Furchtsamkeit tadeln, bis man weiß, wie wenig oder viel er dagegen gearbeitet.

Ein Buch ist für das Volk ein Stück Kirche oder Religion.

Je älter man wird, desto mehr will man gewöhnlicher erscheinen, um nur nicht die Mühe zu haben, bemerkt zu werden.

Was der Mensch von Menschen erfährt, erträgt er weniger, weil ers mehr der Freiheit als dem Schicksal zuschreibt.

Wenn du in der Hitze glaubst, du sprächest *stark* in der Gesellschaft oder zu einem Menschen: so sei versichert, du sprichst *zu stark.*

Die Weiber sind verdrüßlich (eigentlich herrisch und auffahrend wie bei dem Anputz, daher die Römerinnen da so viele Grausamkeiten verübten), wenn sie Wäsche haben; die Männer, wenn sie nur waschen sehen, besonders die Zimmer.

Man hält so oft den Vorsatz des Autors, nicht mehr so zu schreiben wie in der Jugend, für Unvermögen, so fortzufahren.

Der Mensch gibt leichter das Leben auf, als die Mittel zu leben. (In Belagerungen sind sogar Weiber mutig, im Frieden nie.)

Im jüngsten Kinde ist am meisten zu gewinnen durch Gewohnheit – unterwegs bis zur Mannbarkeit ist, glaub ich, weder durch Gewöhnen noch sonst viel zu bestimmen. – Hingegen mit der Mannbarkeit oder der Jünglingsschaft fängt ein neuer Frühling an, der nicht einmal im Manne wiederkehrt und der alles bestimmt, oft in *einem* Tage oder durch *einen* Menschen. Die Lebenszeiten der Menschen gleichen Jahreszeiten; in ihrem Anfange säe; der Fortgang reift bloß.

Man sage nicht, daß man einen Menschen kenne, geschweige eine Frau, ohne in ein Handels Verhältnis damit gekommen zu sein. Schaue eine schöne, milde, liebende Frau wochenlang an; und höre ihre Worte: sie sagt doch nur ihre *Vorsätze, Poesien, Wünsche und alles, was sie in ihrer Kraft* selber glaubt. Aber sie handle im Ungestüm der Verhältnisse und im Widerstreit zwischen sich und außen und dir: dann zeigt sichs.

Der große Unterschied zwischen verheirateten Männern und Frauen ist noch der: jene haben ein ganzes Werk zu machen, das in *einer* bestimmten Zeit fertig sein muß – diese können spielend an ihrem Werke fortschaffen, ungehindert.

Die schwachen Menschen widersetzen sich einem Ent- und Einwurf gegen ihr Leben am stärksten, aus Bewußtsein ihrer ewigen Nachfolgsamkeit; – schweigt man darauf, so tun sie, was sie verneinten.

Das meiste und Gewöhnlichste, was Jugendfreunde nach spätem Wiedersehen aneinander bemerken, ist, daß sie dicker geworden.

Der Mensch fodert nach jeder Unterwerfung noch eine tiefere; unrechtm(äßiger) Widerstand ist ihm verhaßter als unrecht(mäßiges) Nachgeben.

In der Ehe gilt Verstand (zumal des Weibs) weit mehr als Liebe. Diese hält nicht lange nach, wird leicht gestört und bringt nie in Ordnung. Also bildet eure Töchter verständig, nicht bloß liebend.

Was für Weiber Romane, können für Männer leicht Geschichts- und Reisewerke werden, ja noch anziehender; ein sanftes Unterhalten des Geistes ohne Anstrengung; noch unterhaltender durch die Wahrheit, durch Schlüsse daraus – aber man kann darüber das eigentliche schwere Arbeiten vergessen. In jeder Geschichte steckt ein Roman, aber nicht in jedem Roman Geschichte.

Warum man die Weiber so haßt, ist, weil jede Schönheit nicht eine, sondern alle Tugenden verspricht – weibliche Schönheit ist gleichsam poetische Darstellung des Sittengesetzes – und weil man zwar die Liebe findet und dann viel schließt, aber so oft weiter nichts findet. Dazu kommt noch, daß der Mann sogar den Verstand voraussetzt, als im Kaufe dreingegeben.

Vielleicht entsteht *Menschen*-Verachtung weniger aus Beobachtung ihrer *Schlechtigkeit* als ihrer ewigen *Wiederholung,* nämlich der *Wiederkehr* von Glanz in Schatten.

Die Menschen und Kinder bedecken beschämt nicht das Gesicht, um es andern zu verbergen, sondern um andere sich zu verbergen, da in der Scham menschliche Gegenwart zu hart anfaßt.

Daß im Ganzen die Menschen nicht im Glücke besser, sondern schlechter werden – leichter umgekehrt im Unglück – beweist hart gegen sie.

Bei den Weibern, ja allen Menschen löscht die letzte Handlung tausend vorhergehende Wohltaten aus, so sehr sind die Gefühle nur Geschöpfe des neuesten Augenblicks.

Überall ist die Zeit der Jugend die der Tugend; später und älter geben sich die Weiber hin; so in Ehrenstellen die Männer.

Es gibt Menschen, denen jedes Lob Tadel ist, das nicht das größte ist.

Im Moralischen darf man um keinen Rat fragen; nur fragen, *wie,* nicht *ob* man zu handeln habe. Aber der Mensch versteckt gern das *Ob* und *Wie* hintereinander. So will er stets nur *Bestätigungen* (Ratifizierungen) seines Entschlusses, nicht *Angaben* desselben.

Einen Menschen beobachten heißt nicht, sehr aufmerken auf ihn, sondern ihn rück- und vorwärts mit seiner Gegenwart vergleichen – und ihn nicht mit mir und umgekehrt vergleichen.

Das Entscheidende bei Autoren und Fürsten ist weder die Kenntnis der Menschen noch die des Menschen, noch weniger die des einzelnen, sondern die Vereinigung davon.

Weibliche Energie ist oft dem Gatten schädlich, wenn er 1) schwach ist – dann beherrscht und entzweiet sie ihn – und dann 2) wenn er stark ist; denn selten bringt er durch bloße Gründe ihr seine Vernunft bei, und die Klügere widerstrebt unklüger als die Dumme.

Jedes Tun in der Ehe und Gesellschaft wird stärker, wenn man den andern nicht darauf hinweist und ihm die eigne Reflex(ion) darauf verrät; eigne Handlungen soll man so wenig erklären als eigne Bonmots.

Woher kömmt's, daß das gelesene oder erlebte Beispiel der größten moralischen Aufopferung etwas Süßes und bloß Liebenswürdiges und Anziehendes für uns hat, das Gebot selber aber in einer Sittenlehre etwas Zurückstoßendes?

Wie man kein Prophet im eignen Vaterland ist, so auch kein Redner und Beredner gegen die eigne Frau.

Die Ehen werden so schlecht, weil die Männer sich nicht entschließen können, Liebe an die Stelle der Kraft und der Gründe zu setzen und nur mit Recht und Stärke wirken wollen.

Man kommt in der Ehe am besten aus, wenn man nicht liebt; sowie am besten, wenn man bloß liebt.

Viel läßt sich von einem Mann erraten, wenn man ihn das einem andern erzählen hört, was man mit ihm selbst erlebte als Augenzeuge.

Die Liebe will 1 Menschen; die Wollust alle Menschen; nur hat diese dann nicht genug; jene aber an 1 die Unendlichkeit.

Man muß, schon aus Welt, dem andern auch nicht das geringste Unangenehme sagen, sobald man nicht ihn oder sich bessern damit will oder kann. »Sage nicht zum Mietsherrn, deine Zimmer haben keine Morgensonne.«

Den Männern sind in der Ehe (auch von Fremden) nur Gründe nötig, den Eheweibern Autoritäten; denn der Mann ist, gegenüber ihrem Willen, keine mehr.

Im Buche oder Lebensbeschreibung verliert ein Corneille oder Lafontaine nichts dadurch, daß er im wirklichen Leben nicht reden kann; aber im Leben können wir uns nicht daran gewöhnen und tragen mehr den Menschen in den Autor als diesen in den Menschen hinein.

Die Menschen rechnen einem nicht an, wo man ihnen Recht gibt, sondern nur, wo man ihnen Unrecht gibt.

100 000 etc. gute Handlungen können das Herz nicht für eine böse entschädigen, schuldlos machen oder beruhigen – so sehr sind wir zum Guten geboren.

Wer Ruhm hat, fragt nach der Ehre weniger.

Die körperliche Liebe begehrt Wechsel, die geistige *dieselbe* Person.

Manche suchen aus Eitelkeit stolz zu sein.

Um geistreich zu sprechen, habe man – wenn man es auf irgendeine Art ist – nur den Mut, alles auszusagen. An der Furcht stirbt das Genie.

In bösen Augenblicken der Ehe rechnet der Mann immer die eignen Tugenden auf 1 Summe zusammen; nun so rechne er auch die seiner Frau so auf.

Viel Zänkereien in der Ehe kommen davon, daß man verlangt (fordert), der Gatte soll die Liebe erraten, die man auszusprechen zu stolz oder zu schamhaft ist.

Für Kinder fällt Lob und Liebe der Eltern in *eins:* 'das ist schön, daß du den Schlüssel aufhebst.' Hier zugleich Gefühl fremder Achtung und Liebe und eignen Werts.

Die nüchternen Weiber sollten einmal es versuchen, so nüchtern zu urteilen als die Männer, wenn sie selber und jene es nicht sind.

Der Kritikus sollte bloß das einzelne oder die Werk-Teilchen tadeln, aber den Werkmeister möglichst loben. Der einzelne Tadel samt dem Lobe des Verfassers erhebt diesen zu höherem; das Übrige ist umgekehrt.

Willst du die männlichen Deutschen zu einem ordentlichen Gespräche bringen: veranlasse eine Disputation über eine Wissenschaft etc. – Rein, gesellig sprechen können sie nicht. Nur die Weiber höchstens können in einigen Gegenden (z. B. sächsischen) ein Gespräch über alles spielend führen wie ein Franzose.

Noch keine fromme, alle Pflichten treu erfüllende Hausfrau hat je gesagt: ich bin zu gut für die Erde – höchstens: ich verdiene sie nicht ganz –, aber die empfindsam zarten, die nichts tun, sagen es.

Es ist ein fast unvermeidlicher Trug, daß man desto mehr auf den andern zu wirken (wärmen) glaubt mit Zornfeuer, weil uns dies selber so viel zu genießen gibt – indes den andern gerade unsere größte Ruhe und *Kälte* am meisten erwärmt und für uns gewinnt.

Seltsam sind die Weiber! Kein Mann wird sich eine schönere Weste von einem andern erborgen, um mit seinem Bauche gesellig zu glänzen. Aber eine Frau trägt ohne Bedenken entlehnte Perlen, Hüte etc.

Schwerlich wird irgendein Ehemann die Minute für schön und liebevoll empfinden, wo er mit ihr nach ihrem *Anziehen* in eine große Gesellschaft geht – *aus* dieser zurück, denkt sichs leichter.

Was am Menschen das Reinste ist, ist vielleicht sein Streben nach immer schärferem Wissen, wobei er sich vergißt und jeden Ruhm. Nur hier erscheint die Menschheit im großen Schritt zur Größe.

Der große Unterschied zwischen Weibern, 1) die Talent, Scharfsinn, Philosophie sogar haben, ja Empfindung und 2) die Verstand, Hausverstand haben, Berechnung zwischen sich und Mann und Kind, und überhaupt Berechnung. Nr. 1 gefällt vor, Nr. 2 in der Ehe.

Den (inländischen) Ruhm großer Minister, Feldherrn, Fürsten stürzt eine einzige Staatsumwälzung oder Eroberung.

Man hat oft eine prosaische Unterredung selber mit fortspinnen helfen, die man ungerecht tadelt, daß sie der andere fortsetzt, wenn man in einer poetischen Stimmung ist.

Man wird zwar für *die* Verhältnisse, worin man betrogen wurde, künftig klüger; aber man bildet sich dann fälschlich ein, man sei es auch für die geworden, worin man noch nicht betrogen worden.

Wenn das Genie schon in seiner Jugend, vor der Erfahrung so viele Erfahrungen antizipiert hat: was wird es erst im Alter zu sagen haben nach den Erfahrungen; aber es sagt eben da leider so wenig mehr, und das Seltenste wird eingesargt.

Auch die geistreichen Menschen suchen – sobald sie einander nur einige Male zuerst gesehen – dann mehr die Bücher als deren Verfasser.

Ist man einmal aus dem rechten Gesichtspunkte (Fokus) eines Menschen gekommen: so werden, zumal in der Ehe, gerade Strahlen seine Flecken – z. B. Festigkeit gegen Freunde und Fremde und dann wieder Nachgiebigkeit sonst, beide Dinge werden so abgeleitet, daß eines Egoismus heißt, das andere Schlaffheit.

Die Arbeit ist ein Vergnügen, das als Widerspiel schlecht anfängt und dann immer mehr erfreuet und das am Ende gerade zu allen andern Vergnügen einlädt.

Wenn man bei einem Fürsten durch große Sittlichkeit den höchsten Posten eines Günstlings *erobert;* so fodert jener leise und spät, daß man ihn durch einige Flecken oder Abweichungen von jener *behaupte.*

Man glaubt immer, der Mensch, der eine neue, die erste Meinung über das ganze Ideen-System gehabt, z. B. Leibniz, müsse auch eine neue über jedes einzelne, z. B. den Stiefelknecht, haben; daher die Liebe zu Biographien.

Ein Jüngling ist viel kühner und furchtsamer als ein Mann. Kühn tritt er z. B. ins Publikum oder vor jeden großen Mann; ein Nein macht ihn oft auf immer zaghaft. Der Mann hingegen wagt weniger, und nach Nein fragt er weniger.

Argwohn argwöhnen ist nicht darum immer selber einer.

Wer irgendeinen *tiefen* Verstand herauswittert, hat den *tieferen;* jener schrieb ungebildeter, dieser las gebildeter.

Die Weiber sind gut, aber schwer werden sie besser.

Vielleicht erriete man gewisse Menschen besser, wenn man sich dächte, als Dichter sie darstellen zu müssen.

Das erste Mal liest man einen Roman etc. der Geschichte wegen, das 2., 3. etc. des Inhalts (Gehalts), Bemerkungen etc. wegen.

Ist man in der Liebe und Freundschaft darin, so rechnet man ihr sogar gewöhnliche Tugenden als Reize an – dem Unbekannten aber fordert man sie ab ohne Dank.

Ich kann mir denken, daß die rechten Ehen in Republiken etc. sind, wo der Mann selten gesehen wird zu Hause, außer zurück-kommend mit dem Glanze, den schon vorher Volk und eigne Nei-gung des Weibs verkündigt hat – hier ist's leicht, zu scheinen, was man ist.

Kurz nach einem Fehler ist der bereuende Mensch am besten, weil er demütig ist.

Man muß nur nicht Menschen lieben, d. h. Gegenliebe fodern, so kann man alles erdulden von ihnen, von Weib, Kind etc. – aber wer kann's, wer darf's, wer mag's? –

Ein ganz neues Verhältnis zwischen 2 unverheirateten Freunden und so zwischen 10 – wenn alle heiraten; denn die Weiber und ihre eheliche Liebe und außereheliche Abneigung kommen doch auch in das frühere leichte, feste, warme Verhältnis.

Es gibt 2erlei ganz verschiedne Töne, um nach dem Lobe den Ta-del folgen zu lassen. Der erste macht das Lob zur Hauptsache, nicht zur Entschuldigung und ist weitläufig; dann fügt er vor *beiläufig* den Tadel an. Der zweite ist, daß man – im Tone liegt schon ein Zwar für das künftige Aber – das Lob als Entschuldigung des na-henden Tadels ausspricht.

Jeder hat für seine Besonnenheit seine besondern Gegenstände; der eine schweigt darüber, der andere darüber.

Gegenwärtiges Unglück verdau ich in wenig(en) Stunden; aber künftiges bleibt mir im Magen liegen.

Bei allem Rechte zu Achtung und Lob ertrotze diese nicht gewalt-sam – nichts wird leichter der Gewalt versagt als dies.

Die Koketten gewinnen – wenigstens für einen Abend – sogar ernste Männer nicht durch ihre Reize oder das starke Vorspiegeln derselben, sondern durch das Vorspiegeln ihres Liebens. Dem Geliebtsein widersteht man sogar in einem Alter schwer, wo man der Schönheit widersteht.

Der Hagestolz hat das Unglück, daß ihm niemand seine Fehler frei sagt; aber der Ehemann hat dies Glück.

Gerade dem, der vielen Ruhm hat, erlaubt man nicht die Anmaßung irgendeines kleinsten Verdienstes (Nebenrühmchens), das vielleicht andere haben, sobald er es nicht wirklich verdient. Man hält es für Geiz und Raubsucht.

Die Einmischung der französischen Sprache soll den Adeligen in ihrer platten deutschen so etwas sein wie Witz; sie ekeln sich selber ihres Gesprächs.

Man sollte nie schweigen, wenn man nur einigen Ruf hat; Schweigen wird für Verachtung und Zurückziehen angesehen, und man [wird] gehaßt bloß für Schüchternheit.

In kleinen Städten, Hof weiß man die neuesten Moden in Kleidern, nicht in Büchern.

Die Freundschaft hat so gut ihre Blüte – die aber Jahrzehnte lange steht – als die Liebe, die kürzer ist. – Aber ist jene abgebrochen: so ist viel und unersetzliches dahin, und Gott bewahre jeden davor.

Wenn ein Lehrer immer weiter lehrt und lernt; wenn er das Gelesene sogleich zu einem Gelehrten vor Schülern machen kann: so muß ihn jedes neue Buch unendlich heben, weil er damit andere hebt und die erkauften Gewinste für kräftige Eroberungen ansieht.

Habe dasselbe Entzücken über 2 Bücher, aber über das eine in der Jugend, über das andere im Mannsalter: nur dort bei dem ersten hängt sich dem Buche ein Glanz an, den das zweite nie bekommt.

Der Maler muß eine Frau heiraten, – der Musiker – der Philosoph – Diplomatiker – Theologe – Jurist etc.: wie soll nun ein Geschlecht so verschiednen Tendenzen genugtun und sie erraten? – Folglich muß der weibliche Geist voraus ein allgemeiner sein, der sich in jeden besondern fügt; jeder bestimmte weibliche zerrüttet die Ehe, oder es müßte der Maler die Malerin ehlichen? Und doch!

Langweile ist nicht, wenn man nichts Besonderes hat, sondern wenn man es erwartet. – Ruhig, ja seelig liegt der Türke ohne ein fremdes Wort; aber sobald es ihm versprochen ist, kann er kaum mehr sitzen.

Fände der gute Mensch oder Ehemann nur immer das Gute: o wie würd er sich gleichbleiben! – Aber im Kampfe gegen das Böse wird er sich selber unkenntlich und am Ende – wegen der Ausweichungen des Bösen – selber zu diesem und sich unähnlich.

Je mehr eine weibliche Physiognomie der männlichen [sich] nähert – desto richtiger schließt sich aus ihr. Hingegen die echt weibliche, milde, schöne verbirgt den starken Engel oder schwachen Teufel zugleich.

Der Jüngling habe einen lebendigen Großen-Mann, aber nicht in seinem Fache und Triebe vor sich – sondern nur Größen seitwärts in andern Wissenschaften; denn jener gäb ihm ewige Richtung und verschläng ihn.

Die Menschen wollen immer vom Autor etwas Großes im Stoffe, um sich zu entschuldigen, daß sie kein Großes in der Form finden; und um zu verhehlen, daß sie eben das rechte Große, das überall sein kann, nicht kennen.

Je höher die Stände, desto mehr hat der Mann zu tun und desto weniger die Frau. Der König muß doch wenigstens bedenken und unterschreiben. Die Königin lebt von ihm. In untern Ständen ist es wie bei Wilden fast umgekehrt.

Nichts ist leichter, als die Kinder dazu zu erziehen, daß sie gehorchen, gefallen, aufwarten und alles tun, was Eltern und andere Erwachsene begehren. Freilich sind dann die Kinder nichts, nicht mehr als die Eltern. Aber schwerer ist es, Gehorsam und Freiheit zu vereinigen, die Kraft dazulassen und doch zu lenken und sich selber einen Gegner der besten Art zu erziehen.

Wer sich der Eitelkeit recht bewußt ist, verbirgt sie stark und doch ohne Erfolg; wer nicht, ist geradehin und vielleicht angenehmer eitel.

Keine Frau ist zur Vernunft zu bekehren; doch die gutmütige durch Liebe ohne Gründe; die geniale durch beides nicht.

Ich habe zuweilen gefunden, daß das einzige Gute, was noch in großen adeligen Familien nachwuchs – z. B. bei Gieg – bloß dem bürgerlichen Hofmeister zu danken war.

Alles ist am Weibe leichter zu erraten – z. B. Treue, Wahrheit, Keuschheit haben feste Zeichen – als Milde oder Wilde. Vielleicht aber nur darum, weil beides Lieben und Hassen zugehört und sie hoch von einem ins andere überspringen.

Noch mehr Kinder gehen verloren durch zu vieles Erziehen als durch zu weniges. Grönländer, Wilde, Goten etc., Hake's Kind gut, trotz aller Vernachlässigung.

Um sich recht zu erkennen, muß man nur sich seiner Jugend recht scharf erinnern, ohne Gegenwart etc. einzumischen. Dort gab sich dir dein Umriß.

Die Probe des Feinen ist nicht, gegen den Feinen fein zu sein – sie wäre zu leicht – aber wohl gegen den Groben es zu bleiben.

Der Eitelkeit oder ihrem Scheine entgeht niemand, wenn ihn nicht eine große Idee erfüllt, die ihn gegen sein Selbst verblendet.

Willst du das Verdorren deines jugendlichen Ideals außer dir se-hen: so geh in die Stadt, wo du als Jüngling gewohnt – alle Körper sind dicker geworden, die Weiber in die Wirtschaft eingewunden, kein Mensch denkt voriger Zeit als mit Sehnsucht ohne Willen, alles Zarte der Gestalten und Züge und Ziele ist verschwunden – hinter das Glück der Kinder versteckt sich jede prosaische Erniedrigung – Bäuche und Vollwangen gehen hin und her – die Weiber als die Zärtesten haben am meisten verloren und sind in Haushaltungs-fleisch verquollen. –

Wer Kraft hat, aber keine, mit der er ein Werk erschüfe, gebe nur, wie Arndt, Reisebeschreibungen. Alles ist hier zufällig – was be-gegnet – und unter dem Begegnenden noch, was der Verfasser nur aufnehmen will –, und dann kann er über jedes Individuelle, das ihm als Folie dient, seinen, kleinen Juwel von Gedanken legen. Ein Reisebeschreiber kann der unterhaltendste witzigste Mann mit den kleinsten Kosten des Kopfes sein, wenn er's recht macht.

Der Unsinn: daß man durch alle Vorsicht und Glücksfälle je da-hin gelangen könne, daß einem eine zufriedne schon gefundne Lage nicht mehr gestört werde – Aus höherem Glück erwächst höheres Unglück usw.

Jeder hat seine Weise, sagt man. Aber man wundert sich weniger, daß man nicht die fremde, als daß der andere nicht die unsrige hat.

Wer kein Weiberhasser werden will, höre nie 2 Weiber miteinander zanken.

Gewissen Menschen, z.B. dem Fischer, die Verachtung auszudrücken, die man gegen sie hat, müßte man ihnen erst alle die Kenntnisse und Gesinnungen geben und beibringen, die uns eben von ihnen unterscheiden.

Alle Klarheit, die man über fremde Charaktere habe, gibt doch noch keine Sicherheit vor Selbsttäuschung und fremder Schmeichelei; das Unglück ist eben, daß man drei schwere seltene Kenntnisse haben muß, die von sich, die von andern, die von der Ansicht des andern gegen uns. – Man sollte geradezu voraus-[setzen, daß] einem jeder ein wenig mehr Gutes sage, als wir glauben.

Bemerkungen über den Menschen

August. 1811

6. Band

Zur Ehe gehört nicht bloß, daß man das Mädchen, sondern auch, daß man sich prüfe – ob nämlich 2 Vortreffliche dennoch sich einander *nicht* fügen.

In der Liebe wird der Ernst der Jungfrau bezaubern; in der Ehe, die selber ein langer Ernst ist, möchte leichtes Scherzen und Bescherzen der Welt besser einschlagen.

Durch manche Gesichter scheinet jede innere Bewegung so hell durch, daß es nicht genug ist, wenn sie nichts äußern; zu ihrer Verstellung ist sogar das Anstellen des Entgegengesetzten nötig.

War man zu sanft und stoisch im ehlichen Zank, so braust's nachher auf, und man vergibt schwerer. War man zu wild: so bereuet man und vergibt leichter.

Je länger man lebt, desto kürzer werden uns die Jahre. Denke an das Reisen: ein Vormittag auf der Reise zugebracht ist länger als 10 Vormittage zu Hause; aber warum? Die Menge neuer Gegenstände vervielfacht die Aufmerksamkeiten oder die Ideen, als Zeitmesser. Ebenso scheint uns die Jugend länger, weil in ihr alles neu ist und also die Zeit verdoppelt, im Alter aber alles einförmig wiederkehrt.

Wenn nur eine erste Liebe recht glühend da war: so schadet ihr Untergang, ihr Töten mit Wasser nichts; ewig ragen die Türme der überfluteten Stadt empor. Aber es gibt Menschen, die keine erste Liebe hatten.

Ich weiß nicht, was Eifersucht ist in der Ehe beim Manne –; in der Minute der Einsicht hätt er b(ei) d(er) Entscheid(ung), nur sich oder die Frau zu verachten –

Es ist unendlich verschieden, einen Menschen lieben und *etwas* an ihm lieben, und sei dieses Etwas das Edelste; er wird doch Mittel; aber das Lieben des ganzen Menschen macht ihn mir nur zum Ziel seiner und meiner *selber*.

Je älter ich werde, desto mehr glaub ich, wer äußerlich auf lange unglücklich ist – denn ein Brand, Krieg gehört nicht hieher – der verdient's durch Mangel an Klugheit und Beharrlichkeit.

Tod und Geburt lernt man nur in einem Dorfe kennen, in keiner Stadt.

Wollt ihr Originale im Handeln, sucht sie bei Leuten, die nicht ihre Kraft wegschreiben und die ohne Reflekt(ieren) forthandeln – die schreibenden Genies sind matte Handler.

Erst dann, wenn der Gelehrte weiß, daß er einsam *bleibt,* fühlt er sich recht und genießend einsam.

Auch die Möbeln gehören zum weiblichen Anzug, z.B. ein schwarzes Kanapee ist ein gutes Unterfutter für einen weißen Arm.

Um froh, frei, leicht und reich Einfälle in Gesellschaft zu haben, muß man nicht mit einem andern wetteifern oder gar kämpfen, sondern ohne Gegner über das Allgemeine sprechen. Repartien sind ein lästiger, aufhaltender Zwang. Sogar der fremde Witz regt mehr unser Genießen als unser Erfinden an.

Jeder Jüngling glaubt, ein Philosoph oder ein Dichter zu werden, weil beide zu den Kräften der allg(emeinen) menschlichen Natur gehören, und es kommt auf Akademien oder in der Lektüre nur auf den Reiz an, den vorwiegend das eine oder das andere macht. Erst später macht er dies Allgemeine bloß zur Unterlage seiner besondern andern Kräfte, sobald jenes nicht zugleich auch seine Individualität ist.

Das Gespräch der meisten Humanisten (Gelehrten) untereinander ist weiter nichts als ein gegenseitiges heimliches, höfliches Examen; daher colloquium sogar bei den Theologen = Examen.

Die ewigen langweiligen leeren Vorübungen zum Kriege müssen dem Soldaten ordentlich Sehnsucht nach einem freiern und treffenden Realschießen machen.

Die meisten Ehekriege [kommen] nicht davon, daß man die Wahrheit der Person sagt, sondern daß man sie, unbekümmert um jede Zeit, sogleich sagt.

So viel man Kinder hat, so viele Frauen hat man auf einmal mehr geheiratet. Jedes Kind ist eine neue Laune der Frau. – Hast du 3 Kinder: hast du 4 Weiber.

Wer sagt, daß die schönen Weiber im Alter häßlich werden, vergißt bloß die guten schönen.

Gerade die Idyllenfreude, die nur aus Kleinigkeiten besteht, leidet so leicht von den Kleinigkeiten die Unterbrechung.

Imponieren kann mir niemand anders als moralisch, weil er hier den ganzen Menschen trifft; hingegen jede einzelne Übermacht z.B. des Scharfsinns, Gelehrsamkeit etc. trifft auch an mir nur einen Teil.

Wir Menschen lieben nicht, um zu hassen; aber wohl hassen wir, um zu lieben.

Gewissen höhern Weibern (Linda) ist nicht zu helfen, aber wohl tiefern; fallende Menschen, nicht fallende Engel wurden erlöset.

Ich mag mit niemand umgehen, der mich nicht wenigstens in etwas übertrifft, in Kenntnissen, Erfahrung etc. oder im Moralischen. Die mir ähnlichen oder meinesgleichen sind nicht meine Leute.

Man (z. B. der Gelehrte, Dichter) gewinnt in Gesellschaft nicht so viel, wenn man durch Stärke die Feinheit ersetzen will, als andere, die es umkehren.

Ein Trost besteht nicht darin, daß man dem andern Gründe gegen sein Unglück sagt – denn er wußte sie alle selber vorher und konnte ebensogut zurücktrösten –, sondern darin, daß eine fremde Seele durch Darstellen sie alle in der andern belebte und beseelte, damit sie durch Empfindung das Gleichgewicht hielten der leidenden Empfindung.

Unter allen Eigenschaften einer Braut sieht man am wenigsten auf die größte, ob sie Kinder erziehen kann – und freilich ist sie am schwersten zu erraten.

Ein Mann deutet recht deutlich (als sein Selbst-Rhapsodist) seinen Charakter durch das Tragen seines Stockes an, sobald er ihn, unwissend, bemerkt zu werden, trägt und schwenkt und hält.

Ein berühmter Mann verliert nicht, gewinnt vielmehr durch eine Lächerlichkeit, die man von ihm erzählt oder lieset –; aber begeht er sie vor unsern Augen, so verliert er. Allein warum? *Hier* wirkt die Gegenwart zu mächtig, und der Mann, erscheinend darin, nur stückweise aufglänzt; hingegen in der Erzählung herrscht und glänzt die Idee des Ganzen über den Mann.

Hat man eine kleine Bitte: muß man mit dem Allgemeinen anfangen, man habe was zu bitten, weil der andere dann froh ist, daß es nichts Größeres ist. Eine große Bitte aber tue man ohne dies.

Man habe sich noch so frei gemacht, und noch so gleichgültig gegen die Welt und alle Feinde; wer kann uns denn noch tiefe Schmerzen geben? Eine Gattin durch ein Wort, man müßte sie denn nicht lieben.

Daß die Menschen einen Kerker für eine Strafe halten, beweist, daß sie Geselligkeit für Belohnung halten; denn sonst wäre ja im Kerker alles zu haben, wenn man Menschen ausnimmt.

›Ich werfe die Pflaumen, die ich nicht will, in ein anderes Gefäß und gefalle mir – die Frau tut dasselbe bei etwas, das sie nicht will – Dort tut mir meine Handlung wohl, hier dieselbe Handlung weh.‹ Gesetzt, ich halte beide Handlungen für recht: worin liegt der Grund des Mißfallens? Daß dort *ich*, hier es ein *anderer* tut.

Die Lebhaftigkeit des Gesprächs macht nur Männer schneller gehen, nicht Weiber, diese bloß schneller stricken.

Einer Liebhaberin wird die Treue viel leichter als einer Gattin.

Warum werden uns denn Menschen, welche einzeln wir übersehen und überwinden, in einer Gesellschaft so wichtig und herrschend? Die bloße Bestechung der Augen durch eine längere Reihe entschiede nicht bei den kräftigern Menschen; und wo liegt diese Vielheit nicht vor ihm. – Schon ein Grund: der Mensch, obwohl sich seiner und seiner Gründe recht sehr bewußt, will sogar von einem tiefern den Beifall; es muß also durch das fremde Ich etwas Höheres ausgesprochen werden, das nun durch die Vervielfältigung noch bedeutender wird.

Man muß sich, um den andern gerecht zu beurteilen, nicht in dessen nächste Minute an die Stelle setzen, sondern in sein Jahr, Leben, Wochen.

Man erfreuet sich nicht an den äußern Zuständen d(er) Vergang(enheit), sondern an den innern, man wünscht nicht das alte Leben zurück, das meist seichter ist und das man jetzt gar nicht ertrüge, sondern die alte Seele.

Wenn man ein Kind *einen* Menschen hassen lehrt, der ihm nichts getan: so lernt es die übrigen Menschen daran hassen.

Ein Autor bringt sich darum nicht ganz in seinen Roman, weil [er] eine Menge Züge von sich übriglassen muß, um sie andern Leuten darin zu leihen.

Wer für Freiheit ficht und spricht (z. B. der Ungar), dem ist der Gegenstand und Anlaß gleichgültig – er streitet nicht für das Haar, woran manch(er) hängt, sondern für oder wider den Kopf, woraus es kommt.

Es ist mir bei der Kinderfreude zu Weihnachten nicht an der gegenwärtigen Freude gelegen – so groß und innig sie wegen der noch eingehüllten Natur auch ist –, sondern an der unvergänglichen, unzerstörlichen Über- und Zauberfreude künftigen Erinnerns, das nicht die Gegenstände verschönert (nur entfärbt), sondern die höchsten Gefühle zum zweiten Mal erhöht und verschönert.

Für das Volk ist freilich Essen bei Festen die Hauptsache, aber darum, weil eben die Ruhe zugleich zum Genusse tritt – die Losgebundenheit zum Sprechen und von Arbeit.

Sind die Weiber an leidenschaftliche Verweise oder Ausbrüche des Manns gewöhnt: so werden sie nachher durch stilles Vernunftbetragen nur noch erbitter(ter).

Das Unmoralische, was man an sich am meisten tadelt, sieht die Welt gar nicht, oder es fällt ihr nicht auf; aber Handlungen, die man vor dem Gewissen auf Kosten des Verstandes verantwortet, trägt die Welt uns als unsittlich nach.

Die Fremden hören in der Ehe wohl den Sturm, aber nicht die Windstille oder den Zephyr.

Die leichte Niederlage mancher Weiber kommt vielleicht nicht sowohl von Sinnlichkeit, Übermannung und dergleichen her, sondern von Phantasien, die lange in einem zügellosen Reiche hinter Stirn und Lippe spielten und schweiften und welche in einem Mehr der Phantasie ansässig wurden, das freilich leicht mit dem Minder der Wirklichkeit aussöhnt.

Wenn einem ein Werk am Ende gefällt wie mir Tristram, so kann man sich gar nicht erklären, warum es einem früher mißfallen. Hingegen, warum uns ein später mißfallendes Werk anfangs gefallen, erklärt sich leicht.

Allgemeine Amtnamen wie die Polizei, die Regierung wirken mehr auf die Furcht und Achtung als die einzelnen Namen der Beamten. So auch *L[iteratur] Z[eitung]* statt eines genannten Rezensenten.

Gefährlich für die Menschenliebe, das Talent zu sehr zu achten und in jedem Herzen, das man lieben will, einen besondern Kopf zu suchen. Das Talent zeigt sich bald erschöpft – und dann wird's die Liebe auch. Eine festhaltende Liebe ist die gegen Menschen, gegen Tugend, die nicht wie das Talent bei Wiederholung (Wiederkehr) verliert, sondern gerade gewinnt.

Der Stolz und die Eigensucht mancher edeln Menschen verbirgt und erträgt sich leichter in ihrem Glücke als in ihrem Unglück. –

Etwas anders ist, wenn ein Begeisterter sich lobt oder wenn ein Kalter; jener ist nicht eitel, er vermischt [sich] mit der Sache, dieser macht die Sache zu sich.

Daran erkenne deine historische oder poetische Kraft: was dir so leicht wird, daß du ordentlich nach einer andern Kraftübung dich umsiehst, dies ist deine Kraft – Und das Angeborne achtet eben nicht das Angeborne, sondern das Anerzogne.

Wenn eine Frau sagt, sie habe diesen Mann schon von weitem am Gang erkannt: so haben beide den Genuß einer kleinen Selbergefälligkeit, jene, daß sie so erkannte, dieser über seine Eigenheit.

Man ist leichter standhaft, wenn das Unglück zu höherem steigt, als wenn man von einer großen Hoffnung auf einmal zu einer kleinen Furcht herabgeworfen wird.

Wie Erfinden angenehmer als Ausarbeiten, so ist's Sprechen mehr als Schreiben.

Es ist lächerlich, wenn ein Trunkner sein Zu-viel-Trinken verbergen will; denn sobald er selber es merkt, so merken es andere gewiß noch eher.

Die Hölle läßt sich als ein unendliches ewiges Schmachten nach Errettung leichter in und durch ihre Schrecken malen, als der Himmel in einem Dasein fester Wonne, welche auch die Hoffnung endigt, da sie jede übertrifft.

Es gibt eine doppelte sehr verschiedne Hoffnung, die, welche auf Ankunft neuer Güter hinweiset und wartet; die andere wichtigere, welche Heilung und Vorübergang der Übel erwartet.

Unter allen Menschen hat ein Fürst die meiste Veranlassung und Entschuldigung, ein Menschenfeind zu werden; die Menschen taugen nichts, wenn man sie, anstatt zu Freunden, zu Untertänigen, Suchenden hat.

Ich kann keine Freude über mein Rechttun haben – z. B., daß ich einem andern sein Eigentum zurückgebe –, dies setzte etwas Schlimmes voraus; aber ich kann eine Freude über mein Wohltun haben; aber dann ist's nicht etwan eine über *mein* Tun und Gutsein, sondern über das fremde Glück und insofern ein Wert mehr.

Liebe, es sei eheliche oder jungfräuliche, ist ein noch besseres Schirm(Sieg)mittel gegen jeden Anfall auf ihre Tugend als diese selber.

Die deutschen Damen lassen das französische Sprechen schon darum nicht, weil es das einzige Wissenschaftliche ist, womit sie glänzen können; so auch der gemeine Edelmann.

Wenn die Namen der Soldaten abgelesen werden; antwortet jeder mit einer andern Stimme: hier!, die bezeichnend ist.

Was dem berühmtesten Manne wie dem mittelmäßigsten es so schwer macht, einen andern so zu behandeln, daß dieser zufrieden ist, ist, daß er selten bestimmt wissen kann, was dieser andere nicht bloß für eine Meinung von sich selber hat, sondern auch von ihm. Denn nach dieser zweifachen Schätzung richtet sich das Urteil über das Behandeln. Derselbe berühmte Mann kann bei einem anstoßen, bei welchem er eine große Verehrung voraussetzt, bei einem andern, wo er eine zu kleine annimmt usw.

Fürstinnen regierten immer gut, weil sich Weiber von niemand lieber Rat geben lassen als von Männern, die eignen ausgenommen.

Je größer die Stadt, desto mehr Enthusiasmus für einzelne (individuelle) Fälle – sowie desto mehr Kälte für allgemeine.

Ist einer als ein Mann von großem Verstande bekannt: so gewinnt er in Gesellschaft durch Schweigen mehr als durch Reden; fängt er aber dieses an, so muß er mit dem Besten beginnen.

Verdorbne Frauen reden untereinander oder mit Männern tadelnd von fremden unkeuschen Handlungen, bloß um sie länger sich vorzustellen und vorstellen zu hören.

Eigentlich bestechen gegen die Wahrheit rechtlose Beleidigungen weit mehr als rechtlose Schmeicheleien.

Der Mensch ist nie besser und wärmer, als wenn er dem andern eine Freude vorbereitet.

Kinder über Eltern ausfragen spionierend: heißt Briefe erbrechen, ja noch schlimmer, da man (in Briefen) gegen den Freund nicht so viel Schwachheiten zeigt als gegen Kinder.

Wie anders ist das Los eines Helden oder Kollegiumsmenschen oder Fürsten, welcher seine schönsten Ideale nur mit *fremden* Beihülfen erreichen kann, gegen den Dichter und Weltweisen, der nur eigne braucht. Ein Held ist in ewigem Doppelzank mit außen.

Leider gewöhnt man sich immer mehr an die Tugenden des Bekannten und haßt entwöhnt immer mehr dessen Fehler, je länger man mit ihm umgeht.

Nicht die einzelnen Anreden, sondern die zufälligen Äußerungen der Eltern und die absichtlose Fortsetzung und Offenbarung eines Charakters wirken so unglaublich auf die Kinder, denen durch ihre Verehrung alles so fest anfliegt.

Was Freundschaft, Ehe, Dienstbotenliebe so bald schwächt, ist, daß man alle die Tugenden, womit jemand anfängt, nur kurz im Anfange, aber später nur als notwendige Basis schätzt, von der man anfängt, die Fehler und die Tugenden zu berechnen. Ein kleiner Fehler oder Abgang wird einem Tugendreichen schwerer verziehen als einem Tugendarmen seine ganze Armut. An nichts leichter gewöhnt sich der Mensch bis zur Vergessenheit und Undankbarkeit als an den Wert des andern. – So können 2 Eheleute ihre Verdienste steigern; da es aber beide tun, rechnet es kein Teil dem andern zum Verdienst an.

Kleine Mädchen scheinen am leichtesten gut erzogen, weil ihre Natur nicht heftig, sondern immer furchtsam ist und also jeden Schein der Erziehung leichter nachspiegelt.

Zum Ausführen braucht man 1 Mann (General), der die Entschlüsse von hundert realisiert; aber zum Entwerfen, zur Ansicht einer ganzen Zeit ist 1 Fürst nicht hinlänglich; an 1 falschen Idee gehen Völker verloren. Daher von jeher Konsilien; daher Republiken. 100 Augen sehen mehr als 2; aber 2 Arme tun mehr als 100.

Wer seine Gesinnungen verbergen will, langt mit bloßem Verstellen (dissim(ulare)) nicht aus, sondern er muß Anstellen (simul(are)) dazunehmen; ihr Ausdruck wird am besten durch einen Widerschein und Annäherung der entgegengesetzten verborgen.

Ich erziehe Kinder nicht *zu* etwas, sondern *in* etwas.

Den meisten Menschen, besonders den Gelehrten, fehlt zum Gutsprechen nichts als die Freiheit zu sprechen.

In der Ehe besonders – aber eigentlich überall – ist der große Irrtum, daß man glaubt, sobald man seinen Wert, sei es schreibend oder handelnd, dem andern feurig gezeigt und eingeprägt, man habe in den matten Tagen des Lebens dieselbe feurige Darstellung des Innern nicht zu wiederholen, sondern auf die erste zu bauen. Das Wiederkommen der Zeit fodert Erneuerung des ersten Eindrucks und um so mehr, je größer er war.

Ich fühle im Hassen des Bösen meine Seele so sehr erhoben als im Lieben des Guten. Und jenes Hassen hat nicht(s) Unangenehm(es) bei sich, sondern nur Kraft.

Wie man durch Beisammensein fortliebt unter der Rinde die Frau, so auch den Freund; nur die Unterbrechung zeigt uns, wie so stark wir lieben.

Das größte Vorurteil, daß Dichter, die *sich* selber hingeben und vergessen, nicht das fremde *Sich* auffaßten und bemerkten. Sie sehen alles, weil sie sich sehen lassen; der andere sieht wenig, weil er wenig sehen läßt.

Wenn das bloße Lesen die Leser so ausbildete: so müßte man im 6. Jahrtausend zehn mal besser schreiben als im 2. Jahrtausend.

Jedes Leben, zumal eines Autors, ist wert, beschrieben zu werden, aber nicht jeder ist wert und fähig, es selber zu beschreiben.

Knechtschaft der Völker ist nicht so schlimm als Knechtschaft ihrer Herrscher unter *einem* Oberherrscher, denn seine Knechtschaft müssen sie bei ihrer alten unter ihm tragen.

Feinheit setzt Verständnis voraus, [ist] also nur gegen Feine möglich und zu üben.

Man fodert von Kindern das Unmögliche, daß sie Ehe, Kinder und alles sehen, und rein nichts erraten, auch von weitem her.

In jedem Falle wird bei gleicher Anlage das falsche Vertrauen auf Talente mehr hervorbringen als das falsche Mißtrauen in sie; jenes spannt, dieses lähmt.

In der Ehe helfen große geistige Vorzüge wenig zum Glück, da sie nur selten einwirken; aber kleine Achtsamkeiten und Angewohnheiten und nachgebender Verstand bereiten Glück.

Jede spricht von Hämorrhoiden und niemand von Menses, kein Mann und Weib.

Man sagt doch seine Meinung, die dem andern entgegen ist, sanfter, mäßiger, wenn man sie in dessen Hause sagt, als wenn man mit ihm im fremden ist.

Die Männer müssen den Weibern egoistischer erscheinen, weil sie behaupten, erkämpfen, bekämpfen, herschaffen müssen und diese nur benützen. Jede Kraft nimmt den Schein der Ichsucht an, denn im Ich wohnt sie ja.

An Kindern sieht man am öftersten und stärksten, wie wenig die Vorstellung der Zukunft über anreizende Gegenwart siegt.

In der Ehe schämt man sich mehr, der Gattin die geistige Liebe zu offenbaren als die körperliche; vor der Ehe natürlich umgekehrt.

Jeder Mensch (z. B. Einsiedel) bildet in seiner Persönlichkeit auch bei allem Wert etwas feines Komisches für d(ie) andern.

Ich kann mir denken, daß ein reiner Dichter einen reinen Kaufmann begreift und schätzt sogar; aber nicht umgekehrt.

Wenn der Mensch seine schlimmen Anteile der Natur untersucht: so wird er sie immer klein und fast nicht unmoralisch finden, z. B. Hitze, Bequemlichkeit, Genußliebe, Lobsucht, und er wird mit Recht von sich denken, daß er damit nie dem andern recht verhaßt oder gefährlich sein könne. Indes, wenn diese schlimmen Partikeln durch Umstände, Zeit, Menschen sich verdichten, durch Zorn, Übereilung aufbrausen, so kann er den andern verhaßt scheinen, ohne es sich selber zu werden; oder er kann bereuen und doch seine alte Achtung sich bewahren. Daher denn sein Selbbewußtsein. Wir bedenken gar nicht, wie die kleinste unsittliche Partikel in uns durch Zusammenströmen mehrerer Umstände zu einer Lastertat sich ausdehnen kann.

Bloß bei den Tieren kann ich rein rechnen, daß sie je besser gegen mich sind, je besser ich gegen sie; bei den Menschen nicht, ja oft umgekehrt.

Das Schöne, was man für den Freund im Enthusiasmus ausgedacht, gebe man ihm nachher.

Schrittschuhfahren = jeder Schuh ist ein Schrittschuh; aber der eiserne Schlittenschuh ist eben ein Schlittschuh.

Der Leser leiht dem Autor gewöhnlich die schöne etc. Lage, in der er ihn zum ersten Male las.

Die Menschen – dies beweiset die Liebe der Kinder – werden nicht zu den Menschen erst hingewöhnt, sondern nur spät(er) von ihnen abgewöhnt.

In der Ehe will jeder Teil, daß bloß der andere anfange, pflichtmäßig und edel zu sein, dann woll er sehr erwidern, ja mehr geben als nur gegeben werde; – und unter diesem Wollen zanken sich beide fort, und keines fängt an.

Einer kann bloß dadurch, daß er alle Wetterinstrumente, Regenmesser in jeder Stunde bemerkt und aufschreibt, sich gegen alle Wetter gleichgültig machen und froh erhalten.

Die Kinder sind nie so gehorsam, als wenn sie den Eltern etwas geschenkt oder sonst eine Freude gemacht haben.

Man sollte nur die Gegenmeinungen des andern nicht entgegengesetzt den eignen betrachten, sondern als Meinungen für sich: so würde man sie ebenso leicht dulden, als man allen Aberglauben der Wilden und der Kirchengeschichte vergibt.

Das Streben nach Wahrheit macht uns zu sehr offen für jede neue Ansicht.

Ein Kritiker verdeckt seine Dürftigkeit des Urteils am besten, wenn er ein ganzes ästhetisches Jahrhundert mustert und durch kurze Urteile über bedeutende Größen deren Motivierung verbirgt oder ersetzt, weil man das Interesse an seinem Gegenstande mit dem Interesse an ihm vermengt.

Man denkt vom Verstand eines Menschen zu hoch, dessen Idiom man nur halb versteht.

Mancher sollte sich fragen, was er mit dem Leben machte, wenn ihm Gott Hunger, Durst und alle Lust- und Schmerzgefühle nähme, ob er es nur begehrte oder ob er nicht lieber Lücken begehrte, um sie nur zu füllen.

Man darf nur grob sein, so wird's der andere auch; nichts wird leichter auf der Stelle sogar dem Feinde nachgeahmt als Grobheit.

Man verteile und zersäe eine schwere Arbeit nicht in verschiedne Zeiträume – die Wichtigkeit beginnt und drückt immer von neuem –, sondern man mache sie auf einmal ab, da die Räume ohnehin mehr neuanfangenden Kraftaufwand begehren.

Nicht durch Dichter, sondern durch Leben muß man sich zum Dichter bilden, wie man nicht auf dem glatten Eise zu schnellem Fahren ausholt, sondern auf dem holper(ichten) Boden.

Das eigentlich Originelle am äußern Leben ist alles, was man Fremdes tut, ohne das Gefühl, daß es andern fremd vorkommen werde.

Ich komme leichter mit wahren Spitzbuben aus zu meinem Vorteil als mit wahren liberalen Menschen, welche mich zu meinem Nachteile bezaubern; denn ich kann ihnen nicht unähnlich sein.

Die meisten Menschen schließen aus einer Begebenheit und Handlung die Zukunft; aber die rechten Historiker schließen daraus die Vergangenheit. Jene gehen nur vor-, diese rückwärts, erraten aber desto mehr vorwärts.

Die meisten glauben durch die Heftigkeit ihrer Behauptung, diese stärker dem andern einzudrücken – und ihr eignes heftiges Gefühl mitzuteilen –; aber umgekehrt, durch einfach kaltes Behaupten teilt man das eigne stärker mit.

Im Leben ist der Engländer freier, im Schreiben pedantischer als der Deutsche, der gerade auf dem Papier die republikanische Rolle spielt.

Bei Leidenschaft errat ich den Menschen mehr aus dem Ton als aus der Rede, der Stimme-Ton ist schwer zu verbergen oder zu verheucheln.

Freiheit.

Ich fühle etwas in mir, daß ich sogar der Religion und des Himmels wegen nicht sklavisch sein wie ein Hermes, sondern Freiheit behalten würde, auf Kosten verdammt zu werden. Kein Wesen mit Bewußtsein kann seinen Wert – woher er auch sei – verleugnen, und sogar das Hingeben ist nur *freier* und also *freibleibender* Entschluß.

Man hüte sich, irgendeinen Vorzug, z.B. die Dienstfertigkeit der Barner, zu einem ganzen Charakter zu erheben – jede bedeutende Eigenschaft ist im Zusammenklang mit dem Ganzen zu erklären und zu würdigen; und so wird manche Tugend bleicher werden und mancher Fehler sanfter sich verflößen.

Zehn Küsse werden leichter vergessen als *ein* Kuß.

An und für sich ist jeder originell, weil er individuell ist; aber nicht jeder hat den Mut, er selber zu sein und zu scheinen; nur der Kräftige oder Berühmte oder Reiche hat ihn, weil er des Scheins entübrigt sein kann.

Junge Leute sehen in ihrer Entwicklung das Neue des Zeitalters auch für Entwicklung an und verwechseln sich mit der Zeit und halten daher alles Neue für so gut als sich und ergreifen es.

Wie[viel] Genies mögen erst unter dem weiblichen Pöbel verlorengehen, da doch die männlichen einige Mittel der Emporhebung haben.

Jeder weiß es, wo er sein Rechtes Kräftiges hat – und daraus wär er auch nicht zu treiben – aber eben darum will er von seiner Höhe herab noch fremde Ebenen erobern, zu seinem Höchsten noch allerlei dazu gewinnen – und dadurch, durch ohnmächtiges Streben einer vorigen Macht, wird er lächerlich.

Der Gelehrsamkeit ist keine Grenze d(er) Vergröß(erung) vorgeschrieben; aber wohl dem Scharfsinn.

Man sollte denken, wenn ein Professor die ganze Woche in abstrakten Lehren zubringt, daß sein Tiefsinn unendliche Tiefe gewinnen müßte und der Scharfsinn Schärfe; aber es trifft nicht zu; Jahre, nicht Übungen setzen die Grenze.

Die Weiber gehen gern, um bessern Platz zu gewinnen, eine Stunde früher in Konzert und Theater; aber eigentlich fangen beide für sie schon an, sobald sie nur ankommen und sich niedersetzen; denn ihr Sprechen verfrühet ihnen die Musik und das allmähliche Ankommen der Zuschauer das Schauspiel.

Kinder lieben am meisten in Märchen Vergrößerungen und Verkleinerungen gewohnter Gegenstände; sie können dann leicht diese in alle neue Verhältnisse setzen und der Phantasie den weitesten Spielraum auftun.

Gegen eine Fehlschlagung eines Plans gibt's keinen bessern Trost, als auf der Stelle einen neuen zu machen oder bereitzuhalten.

Begeht ein Mensch (oder Mann) einen wirklichen Fehler, so sagt er, dies ist eine Ausnahme und ein seltener Fall; der andere (Frau) hat die ähnlichen Fehler im Kopfe und zürnt durch Zusammenrechnen.

Nur die Ehe wird am glücklichsten, wo man die größten Vorzüge *in* ihr, nicht *vor* ihr entdeckt. Daher d(as) Heirat(en) eines Dichters so mißlich.

Das gemeine Volk, die Mägde etc. wollen durch ihre Kleidung nicht verführen, sondern nur glänzen; daher der Stoff ihnen zehnmal lieber als die Form.

Bei Schriftstellern in einer großen Stadt (Berlin) und Zirkeln ist schwer nachzuweisen – sogar von ihnen selber –, wieviel ihnen von ihren Ideen gehört, da sie täglich gedruckte kommentiert hören, neue darüber, dagegen etc.

Sich an die Stelle eines andern setzen – wird so allgemein ohne nähere Einschränkung gesagt. Wohl kann man sich in eine einzelne fremde Eigenschaft und Lage setzen, z. B. eines Zornigen; aber jenes Wort bedeutet noch 2erlei, a) sich in den *ganzen* moralischen Charakter eines andern setzen, was nur ein Dichter kann, b) sich in dessen intellektuellen setzen, was ebenso schwer; setze dich z. B. in den ganzen Umfang gelehrter, philosophischer, ästhetischer Anschauungen eines Menschen.

Jeder sollte sich eine Überseh-Stunde seines Tags oder Treibens wählen, und zwar nicht eine spazierende im Freien, sondern eine dunkle in der Dämmerung, wo nichts ihn durch seine Sinnen unterbricht.

Gründe (z. B. bei Max über kurzen Rock) wirken nur gegen Gründe, aber nicht gegen Empfindungen, gegen die wieder nur Empfindungen wirken.

Manche Autoren zeigen sich der Welt kälter und schärfer, als ihr Mensch ist, z. B. Lichtenberg; desto wärmer bleibt die bedeckte Quelle. Andere treiben ihre Wärme heraus und erkälten sich durch fremdes Erwärmen.

Kein Mensch kann durch sein Leben so viel intensive Freude machen als sein Verlust intensiven Schmerz, weil das Leben jene ausdehnt, der Tod diesen konzentriert. Alle Freuden, die einer gegeben, und die zukünftigen dazu vereinigen sich bei dem Verlust zu 1 Schmerz.

In der Ehe (wie in der Freundschaft und überall) hilft kein Wohltun und Beschenken, sobald die Persönlichkeit beleidigt ist anstatt verehrt. Keine langen Geschenke machen wörtliche Verkennungen des Augenblicks gut.

Schönheit gar kein Zeichen der Milde – höchstens im Alter.

Nur die Jugend ist offenherzig über sich und wahr; das Alter verbirgt aus Anstand.

Man ist nie liebenswürdiger, als wenn man geliebt wird.

Nicht die Freuden, sondern die Leiden verbergen die Leere des Lebens.

Bemerkungen   über   den   Menschen.
Alle die in Rochefouc(auld), la Bruyère sind unmöglich zu behalten, zu ordnen, anzuwenden, sondern sie sollen bloß im allgemeinen den Blick schärfen und ihm eine gewisse Richtung geben.

– Schnee, der sich leicht ballen läßt, schmilzt bald.

Das Selblob mißfällt, sogar wenn es die Wahrheit ausspricht, doch darum, weil man voraussetzt, der Sprecher verberge aus Bescheidenheit noch etwas, nämlich ein größeres Lob, als ihm gehört.

Man muß nie vor einem ein Wortspiel mit seinen Namen (z. B. Markus) machen, da jedes ihm längst im Leben vorgekommen sein muß.

Die Menschen wollen immer, die Zeiten (Länder) sollen besser werden (sich bessern), und klagen doch, sobald sie anders werden (sich ändern), als könnte eines ohne das andere sein.

Zum bestechendsten Beweis einer Meinung wird uns oft ihre Neuheit, sobald diese alte Ansichten nicht verschließt, sondern weiter öffnet.

Die Tugend, sogar eines gemeinen Mädchens, ist verschieden, ob man sich für verheiratet oder unverheiratet ausgibt.

Einer, der aus stillem Egoismus uns überall lobt und alles an uns, verlöre alle seine Unparteilichkeit, die wir ihm wegen seines Lobs für uns zuschreiben, wenn wir ihn die andern loben hörten, d. h. jeden.

Kurz vor dem Abreisen sowie kurz nach dem Ankommen verschönert sich uns unser Wohnort.

Die Jungfrau heiratet im Dichter den Dichter, im Künstler den Künstler; aber in der Ehe weiß sie so wenig von diesem als ein Mann, der eine Sängerin geheiratet hätte; alle Verhältnisse sind nur die eines Mannes. Nur einige Weiber – wie Wielands, Dürers – schätzen und pflegen im Manne den Künstler, je weniger sie selber von seiner Kunst verstehen, aber von ihr erwarten ökonomisch.

Die Ehemänner müssen so oft in Begeisterungen oder Exaltation entweder durch Arbeiten oder durch Trunk, welche bei den Weibern wegfallen, mit diesen verkehren.

Auf das Volk muß die vornehme Busenblöße so wirken wie auf den Vornehmen die gemeine Wadenblöße.

Sogar nach Belügen traut man doch wieder Wahrheit zu. Aber nach Grausamkeit erwartet man keine Milde mehr.

Alte, wie Montaigne, sprechen leicht zu obszön, weil sie keine Versuchung mehr fühlen und überhaupt mit den Ideen zu vertraut und dabei alt geworden sind.

Die Weiber machen über die Empfindungen ihrer Liebe die feinsten Bemerkungen; ohne sich doch eigentlich selber anzuschauen – so wie ein Psycholog darum doch nicht die größte Selbstkenntnis haben kann.

Gerade dies beweist die Kraft des Kopfes, was er aus einem kleinen Gegenstande witzig, philosophierend macht ohne fremde Belehrung; nicht aber sein Hinzutun von Kenntnissen, Erläuterungen usw. – z. B. über *Mädchen* wird der Jurist, Arzt, etc. zu sprechen wissen; aber anders der Witzige und Umsichtige.

Man darf immer Mißtrauen haben, nur keines zeigen.

Nicht geniale Einseitigkeit, sondern talentvolle Mehrseitigkeit (wie bei Stainlein) führt im Geschäftleben zu hohen Posten; jene schließt aus.

Ach das Alter gibt Einsamkeit, geistige; nur die Jugend Geselligkeit.

An d(er) Geliebten wird der alltägliche wiederkommende Wert für hoch gehalten, die dazwischenfallenden Ausnahmen davon für klein oder nur Laune. An der Frau – wie überhaupt an Mann und Magd und Freund – wird das Gute, was seinen Charakter ausmacht und immer erscheint, für notwendig gehalten und kaum berechnet (außer nach dem Tode etc.), aber die Ausnahmen desto mehr und fast allein und überwiegend.

In der Ehe das Mißverhältnis, daß die Begeisterungen des Mannes und der Frau nicht ineinandertreffen; der Mann von der Arbeit begeistert, sie davon erschöpft, und so nach Tagzeiten umgekehrt.

Jeder wird wider Willen originell, der sich's bequem macht und nach dem Scheine nichts fragt.

Die närrischen Menschen! Zum anerkannten Genie kommen sie, nicht um zu hören, sondern um sich hören zu lassen. Zum Dunse, gleichfalls um zu reden. Wann will denn einer hören? – Da, wo er eine Lücke findet, die ihn am weiteren Reden hindert.

Keine schmerzhaftere Empfindung, als wenn man froh zu machen suchte und doch nicht froh machte (wie bei Weihnachtgeschenk).

Nichts ist schöner im Enthusiasmus zu lieben, als Kinder; denn die Liebe verlangt von ihnen nicht einmal die Liebe, sondern ihr Glück.

Der Mensch hat ein eignes selbgefälliges Wohlgefühl, wenn er eine Beleidigung erzählen kann, die man ihm angetan.

Wer die Welt nicht kennt, setzt bei jeder, zumal scharf und gut ausgedrückten Meinung oder Satz voraus, ihr stehe im Hinterhalte ein langes System und Prüfen, indes sie eben jetzo erst gefunden, wiewohl doch auch in solchem Falle viel Vorrat im Hinterhalte liegt.

Die juristische Regel, sich mit keinem überflüssigen Beweise zu beladen, lernt man später auch in unjuristischen Fällen und Briefen befolgen, wo man andere bestimmtere Äußerungen, die nicht eben zur Sache gehören, unterläßt und allem noch freien Spielraum läßt.

Den mißtrauischsten Egoisten kann man stundenlang von sich zu sprechen veranlassen, ohne daß er das Veranlassen merkt.

Was am leichtesten hartherzig macht, wenigstens das Abschlagen zu sehr erleichtert, ist, wenn man gewiß ist, daß man nicht allen helfen kann.

Satiren können in der großen Welt nicht an der moralischen Seite bessern, weil die Unsittlichkeit das Lächerliche verloren oder doch leicht verschmerzt; höchstens an der intellektuellen, zu welcher auch die moralische umzudrehen ist; denn Fehler des Verstandes bleiben immer den Pfeilen der Satire frei. Aber Darstellung großer moralischer Kräfte hebt die gesunknen der großen Welt.

Den Weibern merkt man nie die geheimen *stolzen An*sprüche an – leichter die *eiteln* –, weil sie alles gemildert und schüchtern zeigen. Eine Sanfte kann sich für die Vornehmste und Klügste halten.

Lichtenbergisch.
Wenn man nur einmal alle die allgemeinen Bemerkungen der Diener und Kammerjungfern über ihre Herrschaften sammelte, über ihre Vergeßlichkeit, Unredlichkeit etc.: so wäre doch etwas von der Ab(Gegen)seite der Welt da.

In den Aufsätzen der Primaner wird die Flucht des Lebens, die Sorge der Männlichkeit etc. so stark geschildert, als sei der Schüler selber darin; aber die Jugend malt die Eitelkeit und das Sterben, ohne es anders als poetisch und nachgelesen zu empfinden. – Aber eben dies bezeugt das Nachsprechen der Leserei; ein lebensfroher Jüngling spricht so lebenssatt wie ein Alter, indes er gerade unter dem Schildern des Abblühens mehr erblüht. – Wie anders der Mann oder Greis, der ungern davon spricht, weil er's schon fühlt.

Eine moralische Schamhaftigkeit – und eine der Gewohnheit. Letzte hat der unverschämteste Mann, der sich von einem Unbekannten oder gar einer Unbekannten nur mit Schrecken in einer natürlichen, an sich unschuldigen Handlung betreffen läßt.

Alles in den Weibern muß sich ja auf Eitelkeit und Kleider lenken, da sie immer nähen, also immer etwas von Kleidern in Händen haben, wenn auch nicht am Leibe.

Man genießt und fühlt den Reichtum nur in der Minute, wo man ihn unverhofft bekommt; darauf wird er zu Armut.

Nichts vermehrt die Liebe gegen eine ferne Person mehr, als wenn Fremde, andere von ihr sprechen, lobend, ja nur erzählend.

Bemerkungen über den Menschen

Sept. 1817

7. Band

Je mehr Vorzüge an einem Menschen anerkannt werden, desto mehr neue will er dazusetzen und dichten, aus Gefühl seiner Unvollendung.

Die Gleichheit der modischen Kleidung bildet den Trägern auch Gleichheit der Ausbildung ein.

Vergleiche einmal die Opfer und Liebezeichen, die dir die Ehefrau bringt, und deine kalten Billigungen davon, mit den Opfern, die eine Geliebte bringt, und mit deinem Enthusiasmus darüber.

Man wird in der Freundschaft und der Liebe leicht Heuchler, der übertreibt, wenn man das stärkste Bedürfnis und Gefühl beider hat und den Gegenstand dazu entbehrt; und doch falschen dafür sucht und nimmt.

Wie sehr auch jeder den Künstler, Philosophen, Helden achte (und ihm sich opfern will) und den Weltwohltäter: so bringt er doch, sobald er dessen Freund, Gatte etc. wird, nicht mehr das Allgemeine in Anschlag, sondern nur sein bestimmtes Verhältnis; und derselbe Leser, der für den Dichter sterben will, wird, wenn er dessen Freund, Frau etc. ist, nicht die kleinste Unlust ihm ersparen. Selten weihen sich die Menschen dem Allgemeinen, noch seltener opfern sie sich denen, die sich ihm weihen. Daher frage kein Autor nach Briefen voll Lob.

Wenn ihr verbietet, das zu tadeln, was man nicht besser machen kann: so darf man auch nicht loben, was man nicht nachmachen kann; denn das Lob setzt die Kraft zu tadeln voraus.

Weiberlaunen mit Männerlaunen durcheinandergeknetet, dies gibt hohen schwellenden Sauerteig, den jede Wärme nur hebt.

Nur der steigende, nicht der stehende Ruhm erfreuet; während des letzten sind nur die Schmerzen des angegriffnen.

Je kleiner die Stadt, desto kleiner erscheint darin der Größere; sie hat einen zu kleinen Maßstab.

Gefallsucht und wahre Erhebung über den Schein können beide bei drei verschiednen Außenseiten herrschen – denn es kommt eben nur auf das Innen an –, a) bei Schön-, b) bei Mittel-, c) bei Nieder-Anzug und Äußerliches.

Um sich besser kennenzulernen als aus den eignen Handlungen, muß man auf die erste plötzliche Freude oder Betrüb(nis) merken, die uns bei einem Antrag, Erzähl(ung) etc. aufsteigt und die wir gewöhnlich schnell besiegen.

Nur der Dichter und Philosoph sieht die Torheit im Allgemeinen und überall – der Geschäftmann sieht nur die Torheiten und Abweichungen seines Gewerbs, seiner Kaste, der Jurist juristische; aber nicht das allgemeine Törichte, das allen Menschen zum Grunde liegt.

Der Mathematiker, Philosoph, Linguist etc. kann, so berühmt er auch sei, doch nicht mit seinen Gaben jedermann und augenblicklich erscheinen; aber von einem berühmten Dichter allein fodert man die ganze Erscheinung des Menschen; warum? – weil er immer den Menschen schildert, und jedes beste Geschilderte sein soll – als ob er persönlich und augenblicklich das höchste äußerlich darstellen könnte, was er in Begeisterung schwer aus dem Innern unter den günstigsten Verhältnissen emporhebt. vid. 14.

Ein lange Reisender kann am leichtesten in der Verblendung über seinen Wert bei andern bleiben, weil er bei diesen nur kurz, in wenigen Verbindungen ist und sich sein Miß[ver]hältnis nicht so steigern kann, daß man es ihm offenbart.

Unmittelbar nach der Ausübung eines Amtes – z. B. nach Ende einer Predigt, einer Vorlesung, einer Gassenausrufung – hat der Mensch ein närrisches Gefühl der Selbstausdehnung und kann gar nicht wieder recht zu seiner vorigen kleinen Zusammenfaltung kommen, wie Regenschirme nach dem Gebrauch ausgespannt dastehen.

Wenn ein Ehemann oder Vater mit dem Tadel bei kleinen un[ab]änderlichen Unannehmlichkeiten herausfährt, der, wie er selber weiß, zu nichts nützt: so ist diese Explosion nur die kleinere eines Fluchs, der auch nicht helfen, nur erleichtern soll.

Die Männer haben im Zorn mehr Mitleid, die Weiber vor- und nachher. Habt ihr je eine Frau mitten im Zorne einhalten sehen?

Seltsam ist's, daß die nied(ern) Menschen noch desto mehr Tugenden erwarten, je höher der Stand ist, und daß sie sich über die Ausschweifungen eines Fürsten etc. wundern, anstatt sie vorauszusetzen. Gerade im nied(ern) Stande sollte man sich über alles Schlechte verwundern.

Am leichtesten lernst du einen Menschen kennen, wenn du ihn tadelst, oder – da der andere Weg offner steht – wenigstens in geringerem Grade, wenn du ihn lobst.

Kein großer Philologe hat ein poetisches oder philosophisches Meisterstück geschaffen; man ist nur froh, wenn er seine Sprache halb so gut schreibt, als er die fremde versteht.

Man ist dem andern, den man tadelt, ähnlicher und dem, den man lobt, unähnlicher, als man glaubt.

Stets rechnet und berechnet der Mensch in seine Gegenwart die Zukunft hinein. Nach dem längsten Tage spürt er nicht die halbe Freude, als er nach dem kürzesten fühlt, weil dort die Zukunft die Verkürzungen der Tage, hier die Verlängerungen ansagt.

Es ist der größte Irrtum, zu lebhafte Menschen (wie Messerschmidt) für unbefangen und wahrhaft zu halten.

Das Höchste der Humanität: über keinen Vorzug einen Fehler zu übersehen – und über keinen Fehler einen Vorzug – und so sich falsch weder erwärmen noch erkälten zu lassen, sondern alles einzuschichten.

Eine Sache vermögen die Weiber nicht, dieselbe Drohung 12mal hintereinander zu erfüllen.

Den allerwenigsten Menschen ist beizubringen, daß Bücher, die viele andere nicht verstehen, von ihnen gleichfalls unverstanden bleiben.

›Daß mein Sohn immer fleißig, rechne ich ihm gar nicht an bei der Berechnung seiner Vorzüge – ein anderer Vater würde, wenn der

Sohn sich zum Fleiß bekehrte, die Bekehrung unter die größten Vorzüge setzen.‹ So nehmen stets die Menschen in die Rechnung der Vorzüge nicht einen alten langen Wert hinein, sondern erst von diesem datieren sie die Rechnung. So Frau mit Mägden; Gattin mit Gatten.

Von Feinden Vorwürfe hören, lehrt und bekehrt und wirkt nicht; aber wohl von Freunden. Ein Mann wie Emanuel kann jahrelang die härtesten Vorwürfe seiner Feinde erfahren, sie können nicht auf ihn wirken, da er sie verachtet und vernichtet. Aber dieselbe Rede eines gleichgestimmten Freundes griffe anders an.

Zwei Menschen begleiten einander im Finstern gegen die Gespensterfurcht; aber eigentlich das geheime Gefühl nicht, daß einer dem andern gegen d(ie) Geist(er) beistehen könnte, sondern dies, daß die Gegenwart eines Menschen die Phantasie hindert, ihre Gespenster auszuweben und zu lebhaft auszumalen.

Weibliche Herzen = Schnee; man merkt bei der stärksten langen Wärme kein Schmelzen, mehr ein Verdichten; plötzlich ist er aufgelöset.

In der ganzen Gelehrtenhistorie noch kein Beispiel, daß in einem Streite – z. B. Leibniz und Clarke – einer sich von dem andern für widerlegt erklärt hätte, nicht einmal zur Hälfte widerlegt.

In Rücksicht der Geschlechtsünden scheint auch der offenste Mensch ein Heuchler zu sein; aber bloß weil er verbirgt, was alle verbergen, sogar das Erlaubte, und weil jeder weniger sinnlich scheinen muß, als er ist.

Derselbe Mann, der mich besucht, zeigt sich ganz anders, als wenn ich ihn besuche. Beide Verhältnisse geben erst den Durchschnitt seines Charakters. Ja wieder anders zeigt er sich im Begegnen auf der Reise, wo er weder Gast noch Wirt ist, sondern nur Erdbürger.

Es ist weit mehr Heuchelei in der Welt, als man glaubt und als selber die Heuchler glauben; denn sie halten nicht andere für Heuchler.

Zweimal lügen die Menschen, so oft sie sagen: »ich habe *über* soundso viel verloren«, das zweite Mal: »ich habe weit *unter* 100 fl.

eingenommen.« Überall ist bei *über, unter, nahe, weit* und *an* gerade das Gegenteil zu verstehen. Nur die *gerade* Zahl würde das Richtige sein.

Das Übertreiben *liebender* Worte macht in der Ehe gar nicht das Übertreiben *tadelnder* gut, sondern dieses Übermaß vernichtet die Wirkung des andern; von allen Aufwallungen lassen nur die zornigen den dickern Bodensatz.

Das erste, wornach ein Mensch bei irgendeinem Unfall sucht – sei er durch Tiere, Materien oder Menschen geschehen –, ist ein lebend(es) freies Wesen, dem er etwas davon schuld geben kann, um sich dann zu rächen.

Die Menschen geben auf den oben herab bellenden Hund acht, nicht auf den unten.

Von der Glut eines jungen Autors – zumal mitten in seinen Schöpfungen – hat gar kein Großer in seinem abmattenden und abgematteten Leben nur einen Begriff; und jeder fürchtet sich doch vor der kräftigen Erscheinung.

Der Veränderliche macht und findet Veränderliche gegen sich selber.

Wenn ein Jüngling den Taufnamen der Geliebten nicht weiß, Zeichen, daß er sie noch nicht recht liebt.

Gerade in kleinen Städten wird der gute bescheidene Mensch am stolzesten, weil er doch niemand hat, womit er sich vergleichen will.

Um überall geliebt zu werden, schone man nur die *schwachen* Seiten d(er) Menschen; die *starken* schonen hälfe nichts und wäre sogar unrecht, im Falle diese böse sind.

Man würde jedem seine Eigenheiten gern hingehen lassen, wenn er sie nur nicht zugleich zu seinen Vorzügen adelte; erst dann fängt der Tadel an.

Die stärksten und gefährl(ichsten) Streitigkeiten in der Ehe sind in den ersten Jahren – teils über Kindererziehung, teils, weil die ersten hohen Foderungen der Liebe sich noch nicht ins Gleichgewicht mit dem Alltäglichen gesetzt haben –; später werden die

Stürme kleiner und verschwinden endlich in Ruhe oder in Gleichgültigkeit.

Man sollte glauben, da ein Leser mit solcher Teilnahme die stärksten Liebereden zweier Liebenden aufnimmt, es müss' ihm ebenso bei dem Anhören ähnlicher in der Wirklichkeit sein; er müsse gar vor Entzückung nicht zu bleiben wissen, wenn er hinter einer Laube den wahrsten Feuerstrom der Liebe anhört, oder wenn endlich der Liebende zum Kusse gelangt. Inzwischen wird er so wenig warm davon, daß er sich bloß erkältet. Aber der Unterschied ist: nicht bei der gehörten, sondern nur bei der gelesenen Liebe kann er sich zum Liebhaber machen und das Mädchen zur Geliebten. Daher kann eine gedruckte Liane 1000 Albanos beglücken – so ein gedruckter Werther 1000 Lotten.

Die Weiber bedenken nicht – um uns mehr zu schonen –, welche wilde Herz auflösende Untersuchungen der Mann in den Wissenschaften durchzugehen hat, wo freilich nicht so viel v(om) unbefangnen Herzen übrigbleiben kann wie bei ihnen, die sich immer im Ganzen sehen.

Zur sinnlichen Liebe ist bei den meisten leicht zu gelangen; aber schwer bei wenigen ist die rechte zu erwerben.

Wie wenig könnt ihr euch auf die moralische Kraft und Fortwirkung auch der stärksten Empfindungen verlassen, wenn ihr die Entzückungen des Wiedersehens und neuen Wiederliebens nach einer Abwesenheit zusammenhaltet gegen den nächsten Frost und Zank der Gegenwart.

Die Menschen denken sich, um den andern zu etwas zu überreden, nur in dessen äußere Lage mit ihrer Seele hinein, aber nicht in dessen innere oder Seele; daher kein Begreifen und kein Einwirken.

Wenn einem Schriftsteller andere bedeutende Leute recht ihren Wert zu zeigen suchen und des seinigen gar nicht erwähnen; so glaub er nicht, daß sie ihn nicht achten, sondern umgekehrt glaub er, daß sie aus Achtung für ihn, die seinige für sich zu erwerben trachten.

Es übt zwei ganz verschiedene Kräfte für die Gesellschaft. 1) Die erste ist die schaffende, wie man sich ihr durch Verstand und Witz auf rechter Seite und zu ihrer Freude darstellt. 2) Die zweite ist die erratende und weissagenden wie sie unser Benehmen und Charakter aufnimmt und billigt. Die erste kann ohne die zweite sein und über jene diese vergessen werden. Denn all dein Beobachten zeigt dir nur den andern, aber nicht das Bild, das du von dir in ihm entwirfst. Der Prosaist behandelt den Dichter als einen Prosaiker und umgekehrt, und beide glauben zu beglücken. Über dem Bemerken vergißt man das Bemerktwerden, und man glaubt durch jenes dieses zu beherrschen, ja zu verdunkeln.

Alles ist uns am andern leichter zu erraten als dies, wie er uns errät; das Erraten des Erratens. Daher können 2 auf einmal sich wechselseitig überlisten und täuschen.

Bei Wohlwollen setzt man sich so in des andern lächerliche Ideen hinein, daß man das Lächerliche so wenig spürt wie er selber; z.B. bei H. v. Mann, als er wünschte, daß sein Sohn ein großer Dichter werde, weil es in Bayern keinen gebe.

Die Jahre machen nur klüger; aber nicht empfänglicher des Schaffens.

Wenn man eine Sache gewährt und eine abschlägt: so kommt es auf die Zeitfolge dabei an; die gewährte verliert durch die spätere abgeschlagne; diese gewinnt durch die spätere gewährte.

Der Geizige liest jedes gekaufte Buch aufmerksamer, er will etwas für sein Geld haben.

In der Ehe gefallen die Männer den Weibern länger als umgekehrt; um nur unter viel(en) Gründen [einen] anzugeben, so verlieren die Männer in der Ehe wenig(er) an Schönheit, weil sie nur wenige hineingebracht.

Die elterliche Liebe belohnt sich bloß durch das Kinderglück, verlangt aber nicht dafür die Kinderliebe. Die verliebte Liebe will durchaus vom Gegenstand erwiderte Liebe, und ihr ist nicht daran genug, daß sie ihn beglückt weiß.

Das weibliche Zusammenkommen und Zusammenplaudern, ohne daß etwas Wichtiges erörtert oder gelernt wird, ist von der Seite des Herzens zu verteidigen; schon Wechselgefühle sich geben ist etwas.

Man dringt auf ein einsames Abendarbeiten des Kindes; und doch, wenn es dabei ist, kommt ein Mitleiden, das ihm gern ein Aufspringen geben oder erlauben möchte.

In den Mannjahren sehnt man sich unendlich aber vergeblich nach einem Freunde, der wie ein Jüngling der frühern Jahre *alles* anhört und aufnimmt.

Wie der Mensch sich nicht in die fremde Seele setzt, inwiefern ein *hassendes* Wort ihr z(um) Schmerz wird, das natürlich dem Sprecher eher als ein wohltuendes vorkommt: so setzt er sich auch bei einem *liebenden*, das er sagt und das ihm nur Ausdruck, nicht Genuß ist, [nicht] in die fremde Seele, welche dadurch den Genuß der Liebe empfängt.

Man schmeichelt besser herab- als hinaufwärts; ein Fürst, ein berühmter Autor, Minister bedürfen weniger Wendungen, ja oft nur Mienen, um die andern unter sich außer sich zu setzen.

Mitten im Tage ist's schwer, sich aus einer Stimmung zu bekehren. Aber ein folgender fängt eine ganz neue an und durchstreicht mit dem schwarzen Nachtstrich die alte ganz.

Wie wenig das Eltern-Reden in die Kinder eingreift, sieht man daraus, daß aller hypoch(ondrischer) Ekel am Leben, des Tags unaufhörlich ausgedrückt, doch nicht in den Frohsinn der Kinder zerstörend übergeht.

Es ist nicht Eitelkeit und Ehrsucht, wenn ein Autor bei einem neuen Werke von neuem gelobt werden will: es ist eigentlich Mißtrauen in seine Kräfte oder in deren Bestand, welchem das fremde Lob widersprechen soll.

Mit der Zartheit und Seltenheit jedes Tadelworts in der Ehe wächst auch die Schärfe des kleinsten Tadels; und in der sanftesten Ehe gebiert ein Wort Zank, das in einer andern kaum Zürnen erregt hätte.

Meine Bemerkungen im Alter haben alle das Zeichen der Vergänglichkeit; die in der Jugend dachten noch an keine. Hier war alles auf Unaufhörlichkeit gegründet.

Der Kaufmann gesteht am offenherzigsten seinen Egoismus und sagt: »ich habe davon keinen Vorteil (Nutzen).« Der Weltmann sagt: ich habe kein Vergnügen davon. – Der Kriegsmann: ich habe keine Ehre davon. – Der Gelehrte: was lern ich dabei?

Schon *räumliche* Ferne veredelt und verklärt poetisch einen gehenden Menschen; wieviel mehr *zeitige!*

Im Alter lernt man mehr von sich als von andern; in der Jugend umgekehrt; daher dort Einsamkeit gut, hier Gesellschaft.

Kein Verstand kann erdichtet sein, aber wohl ein Gefühl.

Je weniger jemand Bücher hat, z. B. auf dem Lande, desto mehr glaubt er den gekauften; ein Biblioth(ekar) sollte eigentlich keinem glauben.

Niemand verlasse sich in der Liebe auf Rührungen; sie dauern so wenig fort als die Erzürnungen. In jeder starken Bewegung liegt der Grund ihres Stillstands. Jeder glaubt, er werde ewig lieben, ewig hassen.

Um auf der einen Seite nicht mutlos und auf der andern nicht übermütig zu werden, muß man sich immer mehr die Ähnlichkeit der Anlagen, der Gesinnungen und der ganzen Menschheit recht klar vorhalten. Der Jüngling sieht lauter Unähnlichkeiten, der Mann mehr Änlichkeiten.

Kein Streit, d. h. kein HinundHerreden in der Ehe hilft – höchstens langes Aussprechen auf der einen Seite und Aushören auf der andern und dann rückwärts. Bei dem Streit zeigt und bekämpft jeder nur eine Facette der Meinung des andern.

Liebe ohne Handeln ist nichts, aber zum Handeln in der Ehe gehört das Reden zuerst, jedes Wort ist eine Tat.

Wenn der gesellige Ton nicht erlaubt, die eignen Kinder, Verwandte etc. zu loben: so verbietet er noch weit mehr, sie in Gegenwart der Gäste zu tadeln, da Tadel größere Vertraulichkeit als Lob voraussetzt, und da er durch die Darstellung eines fremden Fehlers und der unangenehmen Empfindung dabei auch dem Gaste diese geben muß. Daher ist sogar das Tadeln der Kinder so fehlerhaft als es wäre, ihnen vor der Gesellschaft Lehrminuten zu geben.

Jede Verleumdung (z.B. gegen die Marie Schubert) entsteht und beherrscht durch mißverstandne Einzelheiten der Geschichte, welche durch ihre Anhäufung und dickere Zusammenwebung so etwas Scheinfestes zurücklassen. Und dadurch eben siegt die Verleumdung noch jahrelang hinter ihrer Widerlegung fort. Denn zur Widerlegung würde eben das Aufsammeln und Auffasern der gedachten Gewebe aus kleinsten Zufälligkeiten gehören; aber wer behält oder erfährt diese letztern? Und sogar, wenn dieses wäre, wer würde zuhören oder gar ausbreiten? Eine Neuigkeit läßt sich mit Vorteil austragen; aber die Widerlegung einer veralteten Neuigkeit wird niemand interessieren.

Das Achten der Frauen auf den Putz anderer Frauen daher zu rechtfertigen: sie können jedes Band von der andern für sich gebrauchen, denn zwischen Schönheiten herrscht Gleichheit und Freiheit; jeder fremde Anzug kann zum eignen werden. Hingegen die männlichen Vorzüge können nicht so von Mann zu Mann übertragen werden. Kleider sind den Weibern, was Bücher den Männern; nur Reize sind ihnen, was diesen die Gaben oder Wissenschaften. Jede ist für die andere ein Kunstwerk, das von dieser zu studieren ist.

In jeder Liebe ist ein Schmerz, denn welches Geliebte ist glücklich genug, auch wenn man es nicht verliert?

Jeder hat den Glauben, der andere beurteile ihn aus demselben Gesichtspunkt, mit denselben Kräften und Lagen, wie er ihn; und keiner errät daher das Urteil des andern über sich.

Das Versprechen ist etwas so Angenehmes und Poetisches, daß man begreift, warum man so gern und leicht eines gibt, fast ebensosehr des eignen Genusses wegen als des fremden. Bei dem Halten aber geht ein großer Teil von dieser Poesie in Prose über; und daher war es nicht immer anfangs Vorsatz eines Wortbruchs, wenn das schwere, phantasielose Halten ausblieb. – So ist das zornige Drohen und Verschwören eine ähnliche genießende Poesie, der die Prose des Haltens schwer wird.

Nichts fehlerhafter, als aus einem edeln oder unedeln Zuge einen andern voraussetzend zu schließen; gerade ein entgegengesetzter kann kommen. Daher sollten Dichter nicht die Charaktere schulmäßig oder erschlossen darstellen, so daß der Leser aus dem ersten

Verhältnis und Major die ganze Reihe kettenschlußartig bilden könnte. Z. B. nach Edelsinn kommt oft Zerstreuung, Unwahrheit, Rachsucht; – nach Wohlwollen Feigheit.

Ich lasse mir erzählen, um etwas daraus mir zu nehmen; die meisten hören gern erzählen, bloß um wiederzuerzählen, wofür sie wieder Erzählungen eintauschen.

Man gibt sich freilich bei kaltem Blut über vorige Leidenschaft Unrecht; aber in dieser gibt man sich auch Unrecht über den vorigen Tadel der Leidenschaft bei kaltem Blute.

Der Jugend sind Rührungen und Erschütterungen nützlich; dem Alter unangenehm, es will sich erhellen auf den Treppen hinabwärts.

Jeder, er mag sich erzürnen oder andern abfodern, tut es nie im Namen seines Ich, sondern im Namen des Rechts, das allein sein Ich und das fremde gleichsetzt und über beide ausspricht. Sogar der Egoist muß sich diese Täuschung vormachen.

Bei jedem Geschichtfall muß man nicht nach der Zukunft forschen – welche er hervorgebracht –, sondern nach der Vergangenheit – welche ihn hervorgebracht; – und letztes zeigt den historischen Geist.

Im Alter glaubt man noch an die richtige Jugendregel, z. B. bei dem Körper, daß eine Heilung und Stärkung im Jahre 1821 einen stärkern Körper im Jahre 1822 gebe. Aber für das Alter gibt's keine stärkende, nur eine schwächende Zukunft; und jedes Jahr senkt sich tiefer, und alles, was man in sich vorzubereiten hat, ist Standhaftigkeit für die tiefere Stufe und Abwehr eines Sprungs, statt eines Schrittes. – Eigentlich ist das Alter weit weniger er- und gekannt, weil die meisten keines erleben, und als Jünglinge nur Jugend verstehen, indes der Alte Jugend und Alter zugleich versteht.

Der Mensch rechnet die Wahrscheinlichkeit seines langen Lebens immer nach den Krankheiten, die er besiegte oder deren Grade er kennt, z. B. nach dem Schlagfluß, der ihn durch seine Vorbauungen erst nach langer Zeit treffen könne. Aber eine Krankheit läßt er in seiner Moralitätsliste aus, nämlich die ganz neue, unvorhergesehene; denn die Menschen sterben öfter an unerwarteten als an erwarteten Krankheiten.

Man kann leicht – wie ich bei Ranzau – die achtende Scheu für fremden Stolz und vornehmes Zurückziehen halten.

Oft behält der Mann lang(e) schweigend seine Opferungen für die Frau bei sich; so die Frau ihre ebenfalls – aber desto härter stoßen dann beide irgendeinmal mit der Offenbarung (Aufdeckung) ihrer entgegengesetzten Aufsammlungen [Vorräte] aneinander.

Ich will mehr lernen von den Ansichten des All durch eine geist- und gemütreiche Frau als durch alles Reden eines eingefleischten Fichtisten, Hegelisten etc., sei dieser auch noch so genial und kraftvoll; denn dieser verdünnt alle seine individuelle Kraft zu einer allgemeinen Aussprache des Systems; er zersetzt und verflößt sich ins Bekannte und glaubt doch bestimmt zu sein, weil das System es ist.

Obgleich bei Erfindung der philosophischen und theologischen Wahrheit die Menge der Köpfe mehr schadet als nützt: so entstehen gerade durch die Menge derselben die ungeheuern Lehrgebäude der historischen Wissenschaft, der Chemie, Physik etc.

Nicht irgendeine oder die andere Sünde kann sich der Mensch vorwerfen zu Trauer und Buße – jede ist nur eine einzelne Bezeichnung des Ganzen –, sondern die Anschauung seines Ganzen kann ihn niederschlagen, nämlich die Summe seiner Bestrebungen.

Eigentlich ist es eigner Egoismus und Freßsucht, wenn man lieber will, daß die Kinder das geschenkte Zuckerwerk oder Geld selber vernaschen, als daß sie es andern schenken.

Die Erinnerungen früherer Zeiten nehmen von Jahrzehnt zu Jahrzehnt eine andere Gestalt und Wirkung für uns an.

Der Gelehrte muß sich nicht an zu viele Stille verwöhnen; er fordert sonst immer größere, und zuletzt stört ihn alles.

Ein recht dummes wissenschaftliches Urteil entscheidet über den wissenschaftlichen Wert eines Mannes; aber kein gutes, tiefes; denn es kann Diebstahl oder Zufall sein. So entscheidet eine schlechte Handlung über den Menschen; aber eine edle nicht, denn der Motive gibt es so viele.

Die meisten fangen an, in ihr eignes Lob zu geraten, wenn man ihnen lange eines erteilt, wie der Hund sich selber mit zu kratzen anfängt, wenn man ihn wohltuend kratzt.

Die Weiber müssen viel Geist haben, daß sie ihren behalten bei den weiblichen Arbeiten, die ihn sowenig üben, wie Nähen etc., indes alle männlichen zu Übungen desselben werden.

Wenn ich zuweilen schrieb, die Weiber nehmen keine Gründe an, auch antworten sie immer auf etwas anders, als vorgeworfen wird: so gilt dies von ihnen, wenn sie in der Leidenschaft, sogar geringen Grades sind, worin sie mit jeder Querantwort sich verteidigen und retten wollen; in Ruhe hingegen sind sie kurz, scharf und viel konsequenter.

Nach dem Anziehen der Weiber kommt das Abschiednehmen derselben, dessen Länge immer etwas dauert.

Über tredition

Eigenes Buch veröffentlichen

tredition wurde 2006 in Hamburg gegründet und hat seither mehrere tausend Buchtitel veröffentlicht. Autoren veröffentlichen in wenigen leichten Schritten gedruckte Bücher, e-Books und audio-Books. tredition hat das Ziel, die beste und fairste Veröffentlichungsmöglichkeit für Autoren zu bieten.

tredition wurde mit der Erkenntnis gegründet, dass nur etwa jedes 200. bei Verlagen eingereichte Manuskript veröffentlicht wird. Dabei hat jedes Buch seinen Markt, also seine Leser. tredition sorgt dafür, dass für jedes Buch die Leserschaft auch erreicht wird.

Im einzigartigen Literatur-Netzwerk von tredition bieten zahlreiche Literatur-Partner (das sind Lektoren, Übersetzer, Hörbuchsprecher und Illustratoren) ihre Dienstleistung an, um Manuskripte zu verbessern oder die Vielfalt zu erhöhen. Autoren vereinbaren direkt mit den Literatur-Partnern die Konditionen ihrer Zusammenarbeit und partizipieren gemeinsam am Erfolg des Buches.

Das gesamte Verlagsprogramm von tredition ist bei allen stationären Buchhandlungen und Online-Buchhändlern wie z. B. Amazon erhältlich. e-Books stehen bei den führenden Online-Portalen (z. B. iBookstore von Apple oder Kindle von Amazon) zum Verkauf.

Einfach leicht ein Buch veröffentlichen: **www.tredition.de**

Eigene Buchreihe oder eigenen Verlag gründen

Seit 2009 bietet tredition sein Verlagskonzept auch als sogenanntes "White-Label" an. Das bedeutet, dass andere Unternehmen, Institutionen und Personen risikofrei und unkompliziert selbst zum Herausgeber von Büchern und Buchreihen unter eigener Marke werden können. tredition übernimmt dabei das komplette Herstellungs- und Distributionsrisiko.

Zahlreiche Zeitschriften-, Zeitungs- und Buchverlage, Universitäten, Forschungseinrichtungen u.v.m. nutzen diese Dienstleistung von tredition, um unter eigener Marke ohne Risiko Bücher zu verlegen.

Alle Informationen im Internet: **www.tredition.de/fuer-verlage**

tredition wurde mit mehreren Innovationspreisen ausgezeichnet, u. a. mit dem Webfuture Award und dem Innovationspreis der Buch Digitale.

tredition ist Mitglied im Börsenverein des Deutschen Buchhandels.

Dieses Werk elektronisch lesen

Dieses Werk ist Teil der Gutenberg-DE Edition DVD. Diese enthält das komplette Archiv des Projekt Gutenberg-DE. Die DVD ist im Internet erhältlich auf **http://gutenbergshop.abc.de**